Stefan Gärtner – Terrorsprache

Stefan Gärtner, Jahrgang 1973, verfasste 2006 als *Titanic*-Redakteur das sprachkritische Standardwerk »Man schreibt deutsh«. Er ist heute Kolumnist für *Titanic*, *Konkret* und die Zürcher *Wochenzeitung* und schreibt neben Romanen (»Putins Weiber«) und Pamphleten (»Benehmt Euch!«, mit Jürgen Roth) regelmäßig fürs *Neue Deutschland*, die *junge Welt* und die letzte Seite der *Taz*.

Mit familiärem Dank an Anna und Hans und kollegial-freundschaftlichem an Michael Ziegelwagner.

Edition
TIAMAT
Deutsche Erstveröffentlichung
2. Auflage: Berlin 2021

www.edition-tiamat.de
Druck: cpi books
Buchcovergestaltung: Felder Kölnberlin Grafikdesign
ISBN: 978-3-89320-271-3

Stefan Gärtner

Terrorsprache

Aus dem Wörterbuch des modernen Unmenschen

Critica
Diabolis
289

Edition
TIAMAT

Inhalt

»Soviel und welche Sprache einer spricht, soviel und solche Sache, Welt oder Natur ist ihm erschlossen. Und jedes Wort, das er redet, wandelt die Welt, worin er sich bewegt, wandelt ihn selbst und seinen Ort in dieser Welt. Darum ist nichts gleichgültig an der Sprache, und nichts so wesentlich wie die façon de parler. Der Verderb der Sprache ist der Verderb des Menschen. Denn der Begriff des Menschen schließt die Möglichkeit (und Wirklichkeit) des Unmenschen in sich. So hat der Mensch auch als Unmensch seinen Wortschatz, seine eigentümliche Grammatik und seinen eigentümlichen Satzbau. Sie ist – leider – keine fremde Sprache, aber dieses Wörterbuch hat die Aufgabe, die derjenigen der übrigen und gewöhnlichen Wörterbücher genau entgegengesetzt ist: es soll uns diese Sprache fremd machen …«

Dolf Sternberger, »Vorbemerkung 1945« in Sternberger/Storz/Süskind, »Aus dem Wörterbuch des Unmenschen«, Neuausgabe 1968

»… hatte er ein merkwürdiges Gefühl, dass dies kein richtiger Mensch, sondern eine Art Puppe war. Hier sprach nicht das Gehirn eines Menschen, sondern sein Kehlkopf. Was dabei herauskam, bestand zwar aus Worten, aber es war keine menschliche Sprache im echten Sinne; es war ein unbewusst hervorgestoßenes, völlig automatisches Geräusch, wie das Quaken einer Ente.«

George Orwell, »1984«

»Wissen Sie, ich halte das nicht mehr aus. Es ist unerträglich. Ich kanns mir nicht mehr anhören. Dieses ständige Geschwätz. Entsetzlich.«

Rudi Löhlein in Polt/Müller, »Leberkäs Hawaii II«

Vorweg

»Man will doch nicht hohl und allgemein sein, sondern jedem doch gerne etwas Schickliches und Gehöriges sagen.« Goethe, zu Eckermann

»Von daher kann ich dazu nicht wirklich was sagen.« Matthias Opdenhövel, ARD Sport

Auch Bücher profitieren vom Zufall, und ich sehe, nach Jahrzehnten des Missbrauchs, zuwenig fern, um es nicht als schönen Zufall zu würdigen, an diesem Abend nicht nur vor dem Fernsehgerät, sondern auch einer geradezu schockierenden Reportage gelandet zu sein.

Eine Milchbauernfamilie im Norddeutschen möchte, nach in jeder Hinsicht ruinösen Jahren des wettbewerblichen Mehr und Größer, alles anders machen und nämlich kleiner werden: 50 Kühe in Weidehaltung, Hofladen, aus der Region und für die Region. Das Schockierende nun, als ich das sah und den ganzen Tag, wie schon die Tage zuvor, mit Kritik an den Zuständen im Sprachlichen zugebracht hatte, war, dass Bauer und Bäuerin wie Menschen sprachen. Sie sagte zwar manchmal »im Endeffekt«, ihm fiel mitunter ein kleines »Alles gut« aus dem Mund, aber sonst: keine Phrase, kein Spruch, und wenn, dann ein wundersam passender, tatsächlich origineller: Ihm, dem Bauern, komme es gerade so vor, als fließe das

Geld durchs Scheunentor hinaus, während es bloß durch die Katzenklappe wieder hereinkomme.

Da, wo ich wohne und nicht die Bauern, reden die Leute anders. Sie sind nämlich gebildet und auf dem laufenden, und es fällt ihnen schwer oder gar nicht ein, erwachsen zu werden. Sie haben Nachwuchs mit besonderen Namen und sind so angezogen wie die Kinder, wenn sie fünfzehn sein werden. Sie kaufen in den Bioläden, die einer wie unser Bauer beliefert, kriegen aber auf dem Spielplatz den Blick nicht vom Handy und sind froh, dass Abend für Abend vor der Glotze zu hängen kein Spießeralbtraum mehr ist, sondern, dank täglich neuer Qualitätsserien, Avantgarde. Sie leben forsch im Hier und Jetzt, und ihre Sprache ist so tot wie das überdüngte Feld, um das sich Bauer Katzenklappe sorgt. Wenn sie nicht nur aussehen, sondern sich auch so anhören wie Pubertierende, deren Slang aus Losungsworten besteht, liegt das daran, dass sie unangepasst bleiben möchten und das Diktat der Konventionsferne in eine neue Konvention übersetzen, die nicht sowohl unkonventionell als bloß einfältig ist.

Also gewinnen sie nicht, wie der Bauer aus dem Fernsehen, die Freude am Beruf zurück, sondern finden es gerade spannend im Job; finden Dinge nicht schlimm oder schön, sondern krass und geil; möchten nicht, dass die Kleinen gesund essen, sondern haben megaviel Stress, weil die Kurzen im Kiga immer noch Zucker kriegen. Moderne junge Eltern, die mit dem ersten Kind beginnen, sich hauptsächlich für Kinderärzte und Entwicklungsfortschritte zu interessieren (wenn auch nicht die eigenen), sehen nicht nur aus wie ihr eigenes Klischee, sie reden auch so. Eigentlich reden sie gar nicht: es redet aus ihnen.

Sprache wird hässlich. Begeistert, mindestens reflexhaft übernehmen die Zeitgenossen und Zeitgenossinnen, zumal die akademisch gebildeten, die Versatzstücke des Leitartikels, des Reklamefunks, der Sportsendung, und von dem, was einmal Wortschatz war, lassen die Agenturen der Verblödung nur Kleingeld, eine »Non-Sprache« (Wolfgang Pohrt) übrig.[1]

Das ist nicht allein das Problem der metropolitanen *Anywheres*. Hier fällt es aber krachend ins Gewicht, weil sie die Leute mit dem Studium sind, die es doch besser wissen müssten; weil sie diejenigen wären, die vielleicht davon gehört haben könnten, dass die Grenzen ihrer Sprache die Grenzen ihrer Welt sind; und die aber auf die Ahnung, ihre Grenzen seien viel enger, als es ihre sagenhafte Studiertheit und Internationalität vermuten ließen, mit einer Redeweise reagieren, die diese Grenzen verlässlich abbildet. Dass die weniger Studierten, mit soziolektalen Variationen, genauso reden und dass ja stets alle reden, wie alle reden – Konformität ist, mit Hannah Arendt (und dem gesunden Menschenverstand), das natürliche Bauprinzip aller Gesellschaft –, versteht sich und lockte uns nicht hinterm Ofen hervor, wenn das kommun restringierte Gequake nicht der Herrschaft so zupass käme,

1 Keine neuere Entwicklung, glauben wir einem berühmten Gewährsmann: »Oder ist etwan die deutsche Sprache vogelfrei, als eine Kleinigkeit, die nicht des Schutzes der Gesetze werth ist, den doch jeder Misthaufen genießt? – Elende Philister! – Was, in aller Welt, soll aus der deutschen Sprache werden, wenn Sudler und Zeitungsschreiber diskretionäre Gewalt behalten, mit ihr zu schalten und zu walten nach Maaßgabe ihrer Laune und ihres Unverstandes? […] Alles greift zu, die Sprache zu demoliren, ohne Gnade und Schonung; ja, wie bei einem Vogelschießen, sucht jeder ein Stück abzulösen, wo und wie er nur kann.« Arthur Schopenhauer, Ueber Schriftstellerei und Stil. Parerga und Paralipomena, 2. Band, Berlin 1851.

die von Uniformität profitiert und sie nach Kräften produziert, allem zutiefst faulen Geschwätz vom Individualismus zum Trotz. Sie reden wie die Alternativlosigkeit, der sie sich fügen sollen, und indem sie so reden, fügen sie sich. Es hat vielleicht seinen guten Sinn, dass Bauer und Bäuerin H., die sich nicht mehr fügen wollen, auch nicht so reden.

Dieses Buch ist eine Denunziation und ist es auch wieder nicht. Was es denunziert, ist das Allgemeine, nicht das Besondere, denn der Einzelfall ist erheblich nur als Teil eines Ganzen. Wer sich, an dieser oder jener Stelle, wieder- oder gar ertappt findet, darf gern drüber nachdenken, muss aber nicht beleidigt sein, denn es macht ihn nicht pauschal schlecht, böse oder unkritisch, wenn er Dinge gern nachvollzieht oder das Essen beim Inder neulich superlecker fand, sowenig wie die Kita eine schlechte Kita ist, weil sie um zeitnahe Besorgung von Bastelkram bittet. Der Einzelfall, er zählt nicht viel; erst wenn und weil alle in aller Sturheit mitmachen, ist es nicht egal. »Wörter sind nicht unschuldig, können es nicht sein«, heißt es in der Vorbemerkung zum 1957 erweiterten »Wörterbuch des Unmenschen« von Sternberger, Storz und Süskind, »sondern die Schuld der Sprecher wächst der Sprache selber zu, fleischt sich ihr gleichsam ein.« Und fordert ein Papier, das u.a. der Berufsverband der Kinder- und Jugendärzte unterzeichnet hat, dass Kitas und Grundschulen, es war Pandemie, nicht nur »zeitnah« wieder öffnen, sondern auch »ohne massive Einschränkungen«, dann möchte man meinen, dass es hier mit der Bildung schon vorbei sei, die nämlich eine ästhetische oder gar keine ist.

Markus Metz und Georg Seeßlen vermuteten in ihrem großen Buch »Blödmaschinen. Die Fabrikation der Stupidität« (Berlin: Suhrkamp, 2011) bereits, der Turing-Test auf Nichtunterscheidbarkeit von künstlicher und menschlicher Intelligenz werde »in absehbarer Zeit häufiger positiv ausfallen, nicht so sehr, weil die Maschinen immer mehr Menschen verstehen, als vielmehr deswegen, weil die Menschen immer maschineller funktionieren, sprechen und denken«. Mein nach Umfang und Gedanke etwas kleineres Buch, dem derselbe Eindruck zugrunde liegt, hätte also auch »Maschinensprache« heißen können, wie schon Gottfried Benn seinerzeit den »Roboterstil« beklagte. Falls wir uns noch trauen wollen, überhaupt von Stil zu sprechen; ein Blick aus dem Fenster auf Funktionsjacken und Panzerwagen, gewalttätig und würdelos beide, und wir trauen uns nicht.[2]

Die Einschränkung, der Einzelfall sei ohne Belang, gilt nicht für die Profis am Schreibtisch, hinterm Mikro, vor der Kamera. Sie sind, soweit sich das im Wissen, was Kulturindustrie ist, plan sagen lässt, schuld. Sie schreiben und sprechen so und müssten so nicht schreiben und sprechen; es müsste ihnen wehtun, aus toten Wörtern tote Sätze zu bilden, die jetzt schon klingen wie vom Algorithmus produziert. Andererseits sind die Profis auch bloß Angestellte des Betriebs, der ja nun einmal kein revolutionärer ist, sondern möchte, dass alles so bleibt. Er kann

2 Leider ist es nicht meiner, sondern wiederum Schopenhauers Gedanke (ebd.), die Unlust, sich noch irgend zu kleiden, korrespondiere mit der Unlust, sich sprachlich auszudrücken: »Die Deutschen hingegen zeichnen sich durch Nachlässigkeit des Stils, wie des Anzuges, vor andern Nationen aus, und beiderlei Schlumperei entspringt aus der selben, im Nationalcharakter liegenden Quelle. Wie aber Vernachlässigung des Anzuges Geringschätzung der Gesellschaft, in die man tritt, verräth, so bezeugt flüchtiger, nachlässiger, schlechter Stil, eine beleidigende Geringschätzung des Lesers«, allgemein: des Adressaten.

mit formierter Rede, s.o., also gar kein Problem haben und hat es auch nicht. Gegen sein schlechtes Deutsch anzugehen, nein: anzurennen wäre ohne Aussicht, wenn die Bemühung nicht ihren Grund in sich selbst hätte. Halten wir es hier mit Nietzsche (»Morgenröte«, 550), ist es ja nicht das Ende vom Lied, dass die Wirklichkeit hässlich ist, sondern vielmehr so, »dass die Erkenntnis auch der hässlichsten Wirklichkeit schön ist, ebenso dass wer oft und viel erkennt, zuletzt sehr ferne davon ist, das große Ganze der Wirklichkeit, deren Entdeckung ihm immer Glück gab, hässlich zu finden.« In ganz diesem Nietzscheschen Sinn – »Das Glück der Erkennenden mehrt die Schönheit der Welt« – berichtete der späteste Adorno nicht nur von der »universalen Unterdrückungstendenz«, die »gegen den Gedanken als solchen« gehe, sondern auch vom Glück, ihn zu haben, »noch wo er das Unglück bestimmt: indem er es ausspricht. Damit allein reicht Glück ins universale Unglück hinein. Wer es sich nicht verkümmern lässt, der hat nicht resigniert.«

Die Phrase, wusste Kraus, der schon seine Welt für einen »großen Wortmisthaufen« zu halten allen Grund hatte, ist der Tod des Gedankens. Die, die noch nie eine Zeile Kraus gelesen haben, wissen heute zwar über Orwell Bescheid, doch wie sie sich faselnd seinem Neusprech nähern, einer Kurzsprache, ausdrücklich zu dem Zweck geschaffen, das Denken mit der Wurzel auszureißen, dafür fehlt ihnen ebenjener Sinn, den die konforme als Terrorsprache liquidiert. Ob der Umstand, dass das heute keiner diktatorischen Verfügung bedarf, sondern, flankiert von Presse, Glotze, Werbung, wie von selbst geht; ob der blindwütige Wille der Sprachgemeinschaft, sich dieser ganzen störenden Nuancen und Valeurs und Möglichkeiten, ja: sich dieser Schönheit als Freiheit zu entledigen, nun für die freieste Gesellschaft aller Zeiten spricht oder eher dagegen, ist eine Frage, die nicht mehr stellen zu können heißt, sie beantwortet zu haben.

Sich gegen Terrorsprache zu wenden bedeutet, die Verblödung, die von Terrorsprache ausgedrückt und durchgesetzt wird, um so weniger zu akzeptieren, als Dummheit, um wiederum (und nicht zum letzten Mal!) Adorno zu bemühen, keine Naturqualität ist, sondern sich Gesellschaft ganz verdankt. Die »kreuzdumme Fertigteilsprache« (Heinz Strunk), wie sie die Instanzen über allen auskübeln, die sich nicht wehren können oder wollen, und die von ihren Opfern ohne Arg reproduziert wird, als Ausdruck von Unfreiheit, des Unwahren zu erkennen wäre ein Anfang. Denn am Ende, schreiben Metz und Seeßlen, »steht einerseits Stupidität als gesellschaftlich nutzbares Gut, das Regierung möglich macht, Profit erzeugt und den Widerspruch zwischen beidem aufhebt. Und andererseits steht da eine neue Art von Mensch, der mit dem, was er hätte werden können, nur noch den Namen und eine unscharfe Ähnlichkeit der Gestalt gemeinsam hat.«

Der Un-Mensch eben.

Der, nebenbei, ziemlich genau so aussieht und klingt wie der Sportfernsehjournalist Matthias »Opdi« Opdenhövel, dessen »penetrant-augenzwinkernden Ekeljargon« als »Symptom« auszuleuchten David Schuh in der April-*Titanic* 2015 auf sich genommen hat. Was »gewiss ›kein Kindergeburtstag‹ (Opdi)« war, »denn O-Ton Opdenhövel ist halt immer Oh-no-Ton: ›Da merkt man, wie der brennt für irgendwas; als er dann gefragt hat: So, Opdi, hast du Bock, das zu moderieren?, hab' ich gesagt: Das klingt eigentlich ganz geil.‹« Und immer so weiter, die »Kirmesvokabelsoße« (Schuh) fingerdick auf alles drauf:

> »12,1 Prozent im Schnitt sag ich da nur. Das ist ganz locker durch die Hose geatmet über Senderschnitt.« / »Ich stehe in Sachen Fußball voll im Saft, da lasse ich keine Panik aufkommen.« / »Ich hab' den Traum auch vorher schon in dem Sinne gelebt, dass ich, ich hab' ja auch schon vorher Fußball-Bundesliga gemacht.« / »Ein Wagenrennen mal live im Fernsehen zu übertragen find' ich auch sehr sexy.« / »Ich find's grad sehr, sehr sexy, immer frisch geshaved zu sein.« / »... hat sich bei mir eigentlich immer alles ganz charmant entwickelt.« / »Man kann wirklich was mitnehmen.« / »Ist ein Leckerchen.«

Schuh begründet in seinem nicht genug zu preisenden Text Opdenhövels Aufstieg damit,

> »dass das Publikum ausschließlich aus seinesgleichen besteht und die horizontale Blickrichtung angenehmer ist als die vertikale, so grasnarbenniedrig die gemeinsame Augenhöhe auch sein mag. [...] Die Misere des in seiner Allgegenwart nervtötenden ›flotten‹ Spruchs, des ewig launigen, vom Verursacher wohl tatsächlich als ›locker‹ oder ›frech‹ oder ›schlagfertig‹ empfundenen, abgeschmackten, im Kern vulgären Dauergeplappers inkarniert in Matthias Opdenhövel. Als wirkmächtiger Multiplikator ist er mitverantwortlich für jene schlimmen Zustände und lädt damit eine Schuld auf sich, die abzutragen sieben Menschenleben kaum ausreichen.«

Denn Fun, wir wissen es, ist ein Stahlbad und ein Bademeister wie Opdenhövel der leibhaftige, sehr locker durch die Hose geatmete Betrug am Glück.

»So ist dies Buch zustande gekommen, aus Eitelkeit weniger, hoffe ich, als wejen Ausdrücken« (Victor Klemperer, LTI). Es ist für meine beiden Söhne, die hoffentlich werden, was sie werden können; meine Frau; den Badeseesozialisten Jürgen Roth, Frankfurt am Main; und die Bauernfamilie Habbena, der ich im Endeffekt und aus Herzensgrund alles Gute wünsche.

massiv

Man fühlt sich ja, was Sprachbetrachtung anlangt, sehr oft sehr alleine auf der Welt; geradezu geht es einem wie Veronica Cartwright am Schluss von »Die Körperfresser kommen«, als sie im Heer der Entseelten plötzlich Donald Sutherland entdeckt, der dann aber mit ausgestrecktem Zeigefinger und dem monströsen Brüllen der invasorischen Außerirdischen darauf aufmerksam macht, dass er längst so entseelt ist wie alle anderen.

Wie schön mithin, dass wem was auffällt, was einem selbst schon aufgefallen ist, ohne dass es bislang jemand anderem aufgefallen wäre. Nun ist es Arno Frank in der *Taz* aufgefallen, dass sich »durch die Straßen der Kommunikation« neuerdings »ein massives Adjektiv« schiebe, »das alle anderen Wörter massiv beiseite rammt«. Und Frank ist gleich die passende Metapher eingefallen: »der SUV der Sprache«.

Auch wenn »das SUV« ein Quentchen richtiger wäre: »massiv« ist in der Tat eine der höllischsten Vokabeln der Gegenwart, ein, wie Frank schreibt, »Dringlichkeitsverstärker«, also ein Wort von der Sorte, wie sie Journalisten und Journalistinnen lieben, weil nur die Dringlichkeit eine Nachricht macht und die Leute nichts hören wollten, wenn sie denn im Ernst einmal zuhören müssten: »›Frau mit Anrufen belästigt‹, ›Gaffer behindern Feuerwehr‹ oder ›Regierung kritisiert‹? Alles keine Nachricht mehr, wenn die Frau nicht *massiv* belästigt, die Feuerwehr *massiv* behindert und die Regierung *massiv* kritisiert wurde.

Es ist der SUV im Fuhrpark unserer Sprache, mit *massiv* fährt man alles platt.« Nämlich noch den letzten Rest von Dezenz und Delikatesse als der Bereitschaft, nicht immer irgendeines, sondern vielleicht das passende, prüfende Wort zu wählen.

Die Absicht des Journalismus, sich auf keinen Fall auf Feinheiten einzulassen, kommt in der Begeisterung fürs bedingungslos Massive zu sich selbst. Das geht bis zur Selbstparodie: So soll der Fußballer Özil, in Körperbau und Spielanlage das Gegenteil aller Massivität, zu Schulzeiten »massiv aus dem Fenster geträumt« haben, und niemand kam und haute der massiver Sprachbeherrschung immer unverdächtiger werdenden *Süddeutschen* die Tastatur aus der Hand. Aber das zeigt das Wörtchen an und drückt es aus, dass kein Entrinnen ist; dass noch die Träume, als massive, gar keine sind, sondern nur mehr die Reproduktion ewigen »So-Seins« (Adorno), das so unverrückbar, unbezwinglich und monumental vor uns steht, dass Kollege Frank gar keine Wahl hatte, als auf die Parallele zu kommen und zu sehen, was nur die Blinden nicht sehen: »Insofern ist *massiv* verschwistert mit ›alternativlos‹, einer milderen Variante autoritären Sprechens.«

Insofern sei »insofern« hier gestattet[3] und ist es nur folgerichtig, dass unsere erzliberalen Medien sich dem schlechterdings Massiven so verschrieben haben, wenn Liberalität bedeutet, alles zu dulden unter der Voraussetzung, dass alles so bleibe und nur das Klima sich »massiv verändert« *(FAZ)*. Es ist deshalb ganz sinnlos, »massiv« als Generalvokabel massivster Alternativlosigkeit zu schmähen; denn nicht bloß wäre es massiv naiv zu glauben, unsere massiven Betonschädel in und vor den Appa-

3 Anders als auf S. 58 ff.

raten würde das auch nur in minder massiver Weise kümmern. (Deshalb fahren auch alle SUV, obwohl es dumm und falsch ist. Die Welt ist aber dumm und falsch, und also bitte.) Nein: Massiv ist das, was der Fall ist, ist die Mauer in den Köpfen und um die Welt. Wäre die Welt, wie wir sie kennen, nicht mehr massiv, sie wäre im selben Moment überhaupt nicht mehr. Denn eine massive Revolution, was sollte das anderes sein als der Quatsch, den sie zu beenden hätte?

lecker

Man will ja nicht immer alles falsch machen, und also sei auch einmal Hafermilch probiert, denn die ist, steht auf der Packung, »für dich, für die Umwelt, für den leckeren Geschmack«, und der Hafer stammt »aus nachhaltigem Anbau von Bio-Landwirten aus Italien«; hat also, eh ich ihn verzehre, tausend Lkw-Kilometer hinter sich. Was zu der ersten Frage führen mag, ob in Norddeutschland kein Hafer mehr wächst, und der zweiten, ob »lokaler Anbau« (nämlich in eben: Italien), wie dick draufsteht, nicht der reine Mumpitz, sogar Betrug ist. Der von uns modernen, auf dümmstes Reizvokabular geeichten Hammeln freilich gern geschluckt wird.

Jedenfalls ist die Hafermilch, wie sie da nun als »echte Alternative« in meiner Küche steht, »pflanzlich lecker & vielseitig einsetzbar«, nämlich »besonders lecker im Müsli oder pur als Erfrischung zwischendurch«, gehört also durchaus, wie ich in der Broschüre zum vorbildlichen Schulernährungsprojekt »Bio-Brotbox Hannover 2019« erfahre, zu den »gesunden und leckeren Lebensmitteln«, ja »köstlichen Durstlöschern«, und da möchten wir Bettina Wulff als »Schirmherrin Bio-Brotbox Hannover 2019« doch freundlich ermahnen, nicht allzu eloquent zu werden. »Köstlich«, also bitte, in welchem Jahrhundert leben wir denn? Doch im nachweislich besten und leckersten aller Zeiten! Und sie kriegt ja auch sogleich die Kurve: »Damit ihr fit für den Schultag seid, ist ein gesundes Frühstück super wichtig«, so super wichtig, wie allzeit super fit zu sein. »Denn nur mit der nötigen Energie im Körper könnt ihr euch konzentrieren und aufmerksam lernen. Und außerdem schmeckt ein selbstgeschmiertes Vollkornbrot mit Käse, Wurst und Brotaufstrichen einfach leckererer«, halt: »leckerer als ein gekaufter Schokoriegel.«

Und drum versammelt die super wichtige, selbstgeschmierte Broschüre »zahlreiche Anregungen und Tipps für gesunde und leckere Snacks«, und alle sind freilich bio, denn, wie es eine Seite zuvor programmatisch geheißen hat: »Bio-Lebensmittel sind lecker und gesund.«

Und also eine super Sache.

Auch der niedersächsische Kultusminister weiß: »Eine leckere und vollwertige Mahlzeit ist eine wichtige Grundlage«, und »die Bio-Brotbox und das beiliegende Info-Heft unterstützen Sie dabei, Ihren Kindern eine vollwertige und leckere Mahlzeit mit auf den Weg zu geben«, damit sie nämlich konzentriert und aufmerksam lernen, so elaboriert und unformatiert zu plappern wie die Großen, z.B. Sabine Tegtmeyer-Dette, Erste Stadträtin und Wirtschafts- und Umweltdezernentin der niedersächsischen Landeshauptstadt. Die Bio-Brotbox »ist gefüllt mit frischem Obst und Gemüse, sattmachendem Brot und leckerem Aufstrich«, genau; bzw. denn: »Ökologisch angebaute Lebensmittel sind [...] gesund und lecker«, haargenauso wie eben jenes »leckere Müsli aus der Region«, das Regionspräsident Hauke Jagau anpreist. Und freilich völlig zu Recht.

»Lecker und gesund: Schweinebraten mit Soße« ahnte ein längst legendärer *Titanic*-Titel im Jahr 2003, als vermutlich schon sehr vieles sehr lecker war, aber noch nicht alles und auch Ernährungskinderbücher aus dem Klett-Kinderbuchverlag noch nicht so notwendig wie hirntot »Alles lecker!« hießen. Für das »charakteristischste Adjektiv unseres Jahrzehnts« hielt, in der Februar-*Titanic* 2009, Max Goldt das ubiquitäre »lecker« und gab die Schuld an der ungebremsten Verbreitung eines im Rheinischen gebräuchlichen Schmuck- und Karnevalswörtleins dem privaten, um »Lockerheit« bemühten und eben in Köln/Luxemburg ansässigen Privatfernsehen; das Grimmsche Wörterbuch weist »lecker« – als »was zu lecken ist, köstlich, von vorzüglichem wolgeschmack« (sic) – freilich schon bei Lessing, Goethe, Gottfried August Bürger nach; die es aber vielleicht auch zu ihren populärsten Zeiten nicht ganz so machtvoll, ja frenetisch in die Lande zu pesten verstanden wie später RTL.

Goldt jedenfalls hatte noch die Hoffnung, »lecker« werde es, wie alles auf dieser Welt, beizeiten hinter sich haben: »In zehn, zwanzig Jahren wird es von nicht wenigen Menschen als altmodisch empfunden werden, es sei denn, ich sollte mich irren, aber warum sollte ausgerechnet ich mich schon wieder irren? Es könnten sich ja zur Abwechslung mal andere Leute irren.«

Etwa ich; nur fürchte ich, dass nicht. Denn der von Goldt neun Hefte später so bezeichnete »Sexy-Lecker-Geil-Mensch«, der fanatisch lebensbegeisterte, an Sportbericht und Ramsch-TV geschulte Kleinbürger steht ja voll im Saft und wird »lecker« zum Zentralwort auch des dritten Jahrzehnts des 21. Jahrhunderts machen. »Ein kleiner Kreis sich leicht unwohl fühlender Menschen hat neulich das Wort ›sexy‹ zum kleinbürgerlichsten Adjektiv des Hier und Jetzt gekürt, noch vor ›lecker‹« (Goldt a.a.O.); doch während »sexy« an Einfluss verloren hat, ist »lecker«, siehe oben, schlechthin alles, leben wir doch in einer Konsumdemokratie, und Konsum ist zuallererst fressen; und wer beides also stimulieren und akklamieren will, dem leuchten diese zwei Silben schon darum ein, weil sie so schön nach Kindermund und -seligkeit klingen, nach leckerem Kakao und leckerem Pudding, also genau jener fröhlichen Regression, die der Mindestpreis der waltenden kapitalistischen Verhackstückung ist.

Lecker, das ist der Schlachtruf des »sich wohl fühlenden Opfers« (Goldt), und was sich an der Leckerisierung des Landes ablesen lässt, ist dessen Verkleinbürgerlichung und Verspießerung, wie sie längst auch die Stadtviertel der sich aufgeklärt Wähnenden unter sich begraben hat. Die eben gleichfalls sturheil alles, alles lecker finden. Oder eben nicht so lecker, aber das ist dasselbe.

Folgende kleine Szene hat sich, ich verbürge mich dafür, in meinem Gutverdienerquartier haargenau so zugetragen, wie in der in *Titanic* erschienenen Hommage an Ödön von Horváths »Ewigen Spießer« geschildert:

»Da war er auch schon an der Reihe und verlangte eine gute Flasche Roten für fünfzig Euro. Die Weinverkäuferin war gewiss zehn Jahre jünger als er und wies auf eine Stelle im Weinregal: ›Da, ein Spanier, der ist lecker!‹

Doofler wollte nicht wie einer wirken, der auf eine derart primitive Empfehlung hin einen Fünfzig-Euro-Wein kauft, und tat deshalb so, als müsse es unbedingt ein Italiener sein, ein Brunello oder Barolo. Er wollte schon ›Montepulciano‹ sagen, war sich aber nicht sicher, ob es den in teuer überhaupt gab. Die junge Weinverkäuferin wies auf eine andere Stelle im Weinregal: ›Dann nimm den, der ist auch lecker!‹

Doofler spürte einen Luftzug an der Stirn, und hätte er es je mit ein paar Staffeln Lektüre versucht, er hätte auf die Idee kommen können, dies komme vom Flügelschlag der Verblödung. Statt dessen tat er wieder zweifelnd und verlangte einen Franzosen. Die Weinmamsell schien sich über solch überlegenes Expertentum zu freuen. Sie strahlte geradezu, als sie Doofler einen Bordeaux empfahl, denn der sei tatsächlich noch leckerer als die anderen, ja schlechthin ›superlecker‹.

Doofler fühlte sich vom Fachsimpeln derart erledigt, dass er befreit nickte und sogar noch eine unnötige Hipsterschokolade dazupacken ließ.«

Und immerhin das mit der Schokolade ist erfunden. –

Mein Lieblingskochbuch stammt aus dem längst aufgelösten Haushalt der Eltern und heißt »Reizvolle Kartoffel-Gerichte«, Autorin: Gunhild von der Recke. Das Buch ist 1987 erschienen, und man wird nicht behaupten wollen, unter Kanzler Helmut Kohl, ausgerechnet, sei das Land weniger kleinbürgerlich gewesen. Andererseits gab es, will mir scheinen, immerhin noch ein Bewusstsein dafür, was kleinbürgerlich sei und dass dieses Kleinbürgerliche als Enges, Borniertes, Renitentes nicht als Maßstab gelungenen Lebens gelten dürfe. Noch etwas so Profanes wie ein Softcover-Kartoffelkochbuch wollte auf eine gewisse Lebensart weisen, auf etwas, was noch zu erreichen, zu entdecken wäre, verborgene Reize eben, und dass das nicht eine selbstvermarktungssüchtige Fernsehnudel, sondern ehemalige Bühnenschauspielerin unternahm, war der Muskat am Püree. (Die Information findet sich im, nicht auf dem Buch, ohne Bild. Das ist der ganze Unterschied.) Heute sind Lebensmittel nicht mehr reiz- und nämlich geheimnisvoll, heute sind sie lecker, und was einmal Versprechen war, ist jetzt Parole: lecker. Leckerleckerlecker!

Lecker ist das doppelplusgut unserer Zeit, der Wort gewordene, heillos erigierte Like-Daumen, ist die schier totale Affirmation: »Dabeisein ist lecker!« verrät uns so ungefragt wie aufschlussreich die Edeka-Kundenzeitschrift, und wo es früher, unter Verwendung eines Zeitworts, gut geschmeckt hat, betoniert die prädikative Abkürzung heute den Zustand als solchen. »Spieß Dich fit – Hauptsache lecker – das ist das Geheimnis unserer super Fit-Rezepte« (ebd.) – die Späteren werden einmal hoffentlich den Kopf schütteln über solche äußersten, den Geist ans Nichts verhökernden Gemeinheiten, und vielleicht werden sie dieses Büchlein aus dem Archiv ziehen und befreit durchatmen, weil sie so vieles, womöglich alles überwunden haben, vom quintessentiellen »LÄKAA Bio Jaffa Soft Cake« der perfid massengeschmackssicheren Freiburger Fa. Läkaa (»Einfach lecker!«) bis zum Rewe-Marktradio, in dessen ölig-gelogenen, entsetzlich gutgelaunten Vorträgen und Kaufempfehlungen »lecker«, wie sich denken lässt, die einsame, kopfzerfetzende Hauptrolle spielt. »Wie es auch sei, das Leben, es ist gut« (Goethe)? Nee: Wie es auch sei, das Leben, es ist lecker. »Leckere Linsen mit ausgewählten Gewürzen und Gemüse machen den Allos-Linsenaufstrich so besonders lecker« (Produktinformation).

Das klingt glaubhaft.

zeitnah

Sprachkritik ist natürlich Unfug. Sprachkritik übersieht, dass Sprache im Wandel ist, dass neue Ausdrucksformen alte Ausdrucksformen ablösen, und wenn man es heute gern etwas bürokratischer hat als irgendwann dazumal, was ist dagegen zu sagen? Die Bürokratie, nicht wahr, ist ja nicht bloß lästig, als Finanzamt oder Zulassungsstelle, sie regelt und unterhält unser Gemeinwesen, sie ist die Ordnung, die ja nicht bloß das halbe Leben ist, sondern die andere Hälfte auch.

Ordnungen haben es so an sich, dass man ihnen nur schwer auskommt, und um so größer die seelische Entlastung, sich mit der Ordnung, wie sie nun einmal da ist, zu identifizieren. Dann müssen wir nicht mehr gegen sie anrennen und uns beim Anrennen aufreiben; dann dürfen wir einverstanden sein und darüber hinaus ihre Effizienz, ihr Funktionieren bewundern oder, ist beides nicht gegeben, Effizienz und Funktion an ihrer Statt übernehmen. Mögen das Kritiker »beflissen« oder sogar »eilfertig« nennen, es schert uns schon darum nicht, weil wir die Wörter »beflissen« oder sogar »eilfertig« noch niemals im Leben benutzt haben und das auch schlechterdings nicht planen.

Es sind ja auch Wörter, die schimmern, die schön sind, die sogar wider ihren Inhalt nach etwas klingen, was mehr wäre als stumpfes Stempeln, Im-Stau-Stehen oder die randvolle Straßenbahn. Einen Schimmer zu haben ist aber so falsch, wie einen zu sehen, denn wer Visionen hat, gehört nach wie vor zum Arzt. Wir wollen, dass der Stau sich auflöst und Deutschland Weltmeister wird, und das reicht uns, denn wer mehr will, der will am Ende die ganze Ordnung nicht, die nämliche Ordnung, die wir doch alle sind; und Selbstauflösung kann man nicht von uns verlangen.

Überhaupt und wo wir davon sprachen: »beflissen«, steckt darin nicht »Fleiß«? Und »eilfertig«, ist das nicht auch ein Untertanenwort? Und wäre dies nicht ein neuerlicher Beweis dafür, dass Sprachkritik wesensmäßig von gestern, nämlich bloß nostalgisch ist? Und also »zeitnah« nur als Novität ablehnt, weil sie das Neue eben hasst, zumal das Neue in Technik und Wissenschaft?

Was wäre denn so schlimm daran, wenn »zeitnah« aus der kalten, technisierenden Sprache der Finanzbehörde in die Sprache derer gekrochen wäre, die es schätzen, wenn die Apparate funktionieren? Was ist denn nun wieder gegen das Funktionieren einzuwenden und was dagegen, dass Sprache, wie es aussieht, auch mit der Hälfte, was sagen wir: einem Zehntel der Wörter funktionierte? »Wir werden Sie zeitnah über die ersten Interviewmöglichkeiten informieren«, lesen wir in einer Pressemitteilung der ARD. »Zu einem offiziellen Interviewtag in Hamburg wird DAS ERSTE zeitnah einladen und Sie ebenfalls rechtzeitig über den genauen Ausstrahlungstermin informieren« bzw. natürlich eigentlich ebenfalls zeitnah; und war nicht ein Grund für die Rechtschreibreform, dass sie alles einfacher mache, gerade für Ausländer? Bald, rechtzeitig, zeitig: an den Nuancen mag früher verzweifelt sein, wer unsere schöne, doch so schwierige Sprache lernte, und dass es bald (oder gar schon jetzt) nur mehr »zeitnah« heißt, ist das nicht ein Fortschritt an Effizienz und Übersicht? Der sich hoffentlich zeitnah in einen Triumph entschlackter, schlanker, topfit-zuversichtlicher

Sprache verwandelt haben wird? In der U-Bahn wirbt ein, ja doch, Fortbildungsinstitut: »Qualifizieren Sie sich bei uns zeitnah und fachlich kompetent.« Wird also das olle »schnell« auch noch gleich abgewickelt, bravissimo.

Nichts falscher, als uns mit Goethe zu kommen. Das ist Verklärung. Wenn Goethe Zahnweh hatte, ging's zum Schmied, und seinen Nachttopf kippte er auf die Gasse. Wer diese Zeiten wiederhaben will, schön, der darf dann auch klagen, dass die Sprache dieser Zeiten futsch ist. Unsere Zeit ist die Zeit des Tempos, der Kühle, der Rationalität. Und immer noch nur zu berechtigt die Frage des Futuristischen Manifests: »Wollt ihr denn eure besten Kräfte in dieser ewigen und unnützen Bewunderung der Vergangenheit vergeuden, aus der ihr schließlich erschöpft, ärmer und geschlagen hervorgehen werdet?« Und Filippo Tommaso Marinetti in »Die drahtlose Einbildungskraft« (1913):

> »Der Futurismus gründet sich auf die vollständige Erneuerung der menschlichen Sensibilität als Folge der großen Entdeckungen […] Diejenigen, welche heutzutage Dinge benutzen wie Telephon, Grammophon, Eisenbahn, Fahrrad, Motorrad, Ozeandampfer, Luftschiff, Flugzeug, Kinematograph und große Tageszeitungen, denken nicht daran, dass diese verschiedenen Kommunikations-, Verkehrs- und Informationsformen auch entscheidenden Einfluss auf ihre Psyche ausüben.«

Und müssen es auch nicht, denn die Sprache des Tempos und der Effektivität, die Sprache der Ingenieure und Top-Entscheiderinnen denkt und spricht für uns. Goethe hatte seine Zeit, wir haben unsere; und statt dass ihr uns immer mit der Vergangenheit quält, in der, von wegen!, alles besser gewesen sei, mindestens in Angelegenheiten von

Form und Ausdruck, drehen wir den Spieß nun um und machen Goethe modern, richten ihn uns zu, denn Sprache, den Beweis treten wir gern an, ist nichts Totes, und sei sie noch so moribund:

Über allen Gipfeln
Ist Ruh,
In allen Wipfeln
Spürest Du
Kaum einen Hauch;
Die Vögelein schweigen massiv.
Warte nur, zeitnah
Ruhest du auch.

Nachschrift. »Seit einigen Jahren lernt, wie bekannt, auch die städtische Art, nachzugehen. Eine verelendete *Mittelschicht* will zurück in den Vorkrieg, wo es ihr besser ging. Sie ist verelendet, also revolutionär anfällig, doch ihre Arbeit ist fern vom Schuß und ihre Erinnerungen machen sie vollends zeitfremd« (Bloch, »Erbschaft dieser Zeit«) – während die heutige Mittelschicht, weniger verelendet denn verwahrlost und also revolutionär allenfalls nach rechts anfällig, sich in ihrer expliziten Zeitnähe gefällt. Eine Nähe, der sich unser Büchlein verdankt.

feiern

»You gotta fight for your right to party«
Beastie Boys

Nicht alle Fragen, die das Leben so auf- und uns vor die Füße wirft, bleiben ohne Antwort. Warum und vor allem was im Zuge des früher bloß so genannten Ausgehens alleweil »gefeiert« wird und dass, wer nicht zu Hause hocken will, mithin Lust haben muss, »feiern zu gehn«, ist ja eigentlich klar: dass es keinen Grund mehr braucht. So wie der Kapitalismus ja auch keinen rechten Grund mehr braucht außer sich selbst, so ist die Feier als solche und ohne Anlass der Ausdruck ebenjener Lebensfreude, die zu begründen ihrem recht eigentlich vegetativen Charakter nicht gerecht würde. Darum hieß die (freilich nie ins Erwachsenen- und Infodeutsch gerutschte) Vorstufe ja auch noch »Party machen«: Man wartet nicht mehr auf die Einladung, man lädt sich selbst.

In Kalifornien, wo die Erderhitzung für jedes Jahr schlimmere Waldbrände sorgt, gingen im Spätsommer 2020 runde 35 Quadratkilometer allein deshalb in Flammen auf, weil im Zuge einer sog. »Gender Reveal Party« ein Rauch-Feuerwerk Funken geschlagen hatte; die lokale Mode geht so, dass werdende Eltern im Zuge von Geschlechtsenthüllungsfeiern blauen oder rosa Rauch aufsteigen lassen, was sich inmitten einer historischen Dürre besonders empfiehlt. »Also praktisch Brandrodung (und Vernichtung überflüssiger Camper)«, vermutete da der liebe Kollege Michael Ziegelwagner (Wien), »um Platz für den eigenen Nachwuchs zu schaffen«; und jedenfalls generalemblematisch unerhört einleuchtend, wenn der walkend egomane Schwachsinn, diese Mischung aus Langeweile, Geltungsbedürfnis und Hirnkitsch, für großflächig verbrannte Erde sorgt. »Hört mit diesen dummen Partys auf«, zitierte CNN hernach die Bloggerin, die als Erfinderin des Trends gilt. »Hört in Gottes Namen auf, alles niederzubrennen, nur damit alle erfahren, dass euer Kind einen Penis hat. Keinen kümmert das außer euch.« Falls das nicht grad der beste Grund ist.

Man soll die Feste feiern, wie sie fallen, und im christlichen Mittelalter war buchstäblich das halbe Jahr Feiertag. Nicht ist es dem modernen Menschen zuzumuten, bloß seinen Geburtstag zu feiern und dann Weihnachten und einmal im Leben Silberhochzeit oder dass es zum Fußballpokal gelangt hat – nein, Anlässe gibt es genügend, man muss bloß bereit sein, sie zu finden. Dass auf die Kirche in dieser Beziehung kein rechter Verlass mehr ist, ist ärgerlich genug; aber wozu haben wir Individualismus, nicht wahr, und wie praktisch, wenn der würgende Zwang zur Selbstdarstellung vom Drang zur Selbstfeier nicht zu unterscheiden ist!

Und also wird gefeiert; und wer früher schlicht »was trinken« ging, abends einkehrte, in die Schenke und mit Freunden zu sich, um zu reden und zu schweigen, vielleicht auch noch zu würfeln und an Leib und Seele wenigstens soweit zu gesunden, dass es für den Nachtschlaf reichte, vielleicht sogar für die melancholische, weil vergebliche Überzeugung, auf dieser Welt der einzige mit Übersicht zu sein, der müsste heute feiern gehen. Aus sich heraus und in die vollen, denn »der Abend ist mein

Buch. Ihm prangen / die Deckel purpurn in Damast; / ich löse seine goldnen Spangen / mit kühlen Händen, ohne Hast. // Und lese seine erste Seite, / beglückt durch den vertrauten Ton, – / und lese leiser seine zweite, / und seine dritte träum ich schon«, so jedenfalls Rilke im evtl. etwas faden, nur bedingt heutigen Band »Mir zur Feier«, es ist halt alles lange her. »Ohne Hast«, WTF! Und, Alter: Träume nicht dein Leben, lebe deine Träume!

Früher (immer: früher!), da hießen die Teenie-Filme zwar noch »La Boum – Die Fete« (1980), aber was sie feierten, das war der Traum, den jedenfalls für den Provinzbuben die sehr junge, sehr entzückende Sophie Marceau verkörperte, die in Paris so weit weg war, dass es auch der Mond hätte sein können: »Dreams are my reality / The only kind of real fantasy / Illusions are a common thing / I try to live in dreams« usw. Vier Jahrzehnte später heißen Teenager-Aufklärungsklamotten »Get Lucky – Sex verändert alles«, und der Titelsong geht so: »Was du träumst, das musst du machen, / all die besten super Sachen, / einfach machen, einfach machen. / Und alles ist jetzt, alles ist einfach, einfach jetzt, / das Leben ist kurz, zu kurz für ein langes Gesicht«, und deswegen, damit es nämlich nicht noch länger wird, das Gesicht, sitzt man nicht hinterm Bier und träumt vor sich hin, sondern feiert, weil einfach alles jetzt ist.

Als der Mensch noch kein ideelles Gesamtfeierbiest war, hätten wir vielleicht gesagt: Wo soll das bloß alles hinführen!, ohne dass man mehr als vage geahnt hätte, wo es denn tatsächlich hinführt. Heute sind wir auch in dieser Hinsicht weiter und freuen uns, dass nicht alle Fragen ohne Antwort bleiben.

lg

Nein, man soll auch nicht alles schlechtreden. In der Kürze, das wussten schon die Alten, liegt Würze, und gut möglich, dass die notorischen »lieben Grüße«, die neuerdings auf uns herniederfahren, und zwar vorzugsweise von Leuten, die wir noch nie im Leben gesehen haben, dass diese »lieben Grüße«, wie sie falsche Freundlichkeit und gelogene Nähe transportieren, überhaupt erst in der lakonischen Kurzgestalt erträglich werden.

Es ist mit diesen Grüßen so, wie es immer ist, wenn die Konvention abdankt zugunsten des Informellen, Zwanglosen, dem Sprecher oder der Sprecherin Überlassenen: Es wird vielleicht lockerer, gleichzeitig schwieriger, mindestens dann, wenn einem nicht schnurzegal ist, wann man etwas wie tut, in diesem Fall: sagt. »Mit freundlichen Grüßen«, da war (und ist) immer klar, dass es sich um eine Formel handelt, und wenn jetzt ganz Schlaue kommen und finden, eine Formel, wie unpersönlich, kalt und bürokratisch ist das denn!, so sei diesen Schlaubergern mitgeteilt, dass eine Formel ebendarum eine Formel ist, weil und insofern sie Mitteilung vom je Persönlichen trennt. Persönlich wollen heute alle sein: Autohäuser, Banken, Sanitärfachbetriebe, wie die zentrale Idee des Zeitalters ja ist, dass es nie unpersönlich gehe, wir nämlich keine Nummern seien. Die Wahrheit dahinter verrät, wie absichtslos immer, die Deo-Firma 8x4, die »personalized protection« anbietet mittels Deos, die Nummern (von eins bis zehn) tragen; wie ja schon Karl Kraus darauf bestand, dass es sich mit der Individualität so verhalte, dass jeder dieselbe hat. »Mit freundlichen Grüßen« war (und ist) deshalb in seiner Formelhaftigkeit keine Lüge, denn nicht im falsch Individuellen liegt Rettung, sondern, mit Adorno, im Gegenteil:

> »Aber indem sie bis zum Kern mit der Konvention eins ist, zergeht die Spannung des Konventionellen mit der Natur, und damit die Gewalt, welche das Unrecht der Konvention ausmacht: psychologisch ist das schlecht Konventionelle immer Mal einer mißlungenen Identifikation. Wie sein Gegensatz würde der Begriff der Konvention selber hinfällig. Durch die totale gesellschaftliche Vermittlung stellte gleichsam von außen nach innen zweite Unmittelbarkeit, Humanität sich her.«

Was sich dagegen in den notorisch gewordenen »lieben Grüßen« herstellt, ist falsche Unmittelbarkeit unterm Zeichen fortwaltender Inhumanität, ist das Lächeln aus der Werbung, das nie uns selbst, sondern potentieller Kundschaft gilt. Lieb sind die Grüße immer da, wo Liebe nicht herrscht, und freundlich werden die Grüße, wo sie gar nicht freundlich gemeint sind, sondern bloß unterm Schriftstück stehen. Das ist ihre Wahrheit, wie Konvention und Formel eben die Wahrheit über Gesellschaft wissen. Unwahr ist, was unterm Regime totaler Produktion Menschliches vorspiegelt, und die Bürokratisierung, die in der Verkürzung der falschen, weil lieben Grüße zu »lg« (oder »glg«, ganz lieben Grüßen) besteht, spricht diese Wahrheit unversehens wieder aus. Das nämlich ist die andere Sache, dass es dem Menschen längst suspekt geworden ist, nicht Teil der Apparate zu sein, und also wird wie selbstverständlich die Smartwatch angelegt, nicht trotz, sondern wegen ihrer Kontrollfunktion. »lg«, das ist nur auf den ersten Blick die Sigle, die sagt, dass keine Zeit sei; die tatsächliche Zeitersparnis gegenüber den lieben Grüßen ist, dafür sorgt die Worterkennung, zu vernachlässigen gegenüber der Botschaft, die im Ausdruck als Apparatur selbst liegt. *LG*, das ist vielleicht etwas mehr als zufällig auch der Name einer Firma für Unterhaltungselektronik, der sich mit »Life's Good« übersetzen soll, und »lg« wäre dann das gute falsche Leben selbst, das in der Karikatur über sich hinaus findet und im Unschönen das Schöne noch bewahrt.

Der Vorhalt, es sei ein Widerspruch, einen als lieb gemeinten Gruß achtlos abzukürzen und damit zu entwerten, ist also längst nicht so triftig, wie es auf den ersten Blick scheint; und die Triftigkeit unseres Arguments erhellt dagegen aus dem direkten Vergleich mit dem Kürzel »mfG«, das tatsächlich falsch wirkt: Eine Formel lässt sich nämlich nur um den Preis des Vorwurfs verkürzen, es walte Faulheit notwendig da, wo die Formel doch die Verkürzung selbst sei; dass, wer so verfahre, die Schraube also überdrehe; und sich im Bemühen, als flott und progressiv zu gelten, lediglich als jemand ausweise, dem die Idee von Formel nicht geläufig ist. (Eine Idee, die nicht nur semantisch mit der Idee von Form schlechthin verwandt ist. Die bekanntlich niemanden mehr schert.) »MfG« benutzen heißt, sei's strenge Schönheit ins Hässliche, die Wahrheit der Formel (»Mit freundlichen Grüßen«) ins Stumpfe, falsch Widerständige transformieren; mit »lg« hingegen wollen wir uns, wenn auch bloß aus Gründen der Dialektik, nicht eben befreunden, so doch immerhin arrangieren unter der Voraussetzung, es sei tatsächlich das neue »Mit freundlichen Grüßen«. Mithin etwas Ziviles, Unaufdringliches. Und also ist, siehe oben (aber auch gleich), tatsächlich alles gut.

alles gut

»Die Dummheit weiß von keiner Sorge.«
Johann Peter Eckermann

An den Kindern merkt man, es ist zu spät. Sie schnappen auf und plappern nach. Ist es in ihnen, ist es in allen.

»Alles gut!« beteuert also der Zehnjährige aus der Bekanntschaft, und zwar am laufenden Band. Fragt man ihn, ob er Ketchup wolle, und er will nicht: »Alles gut!« Fragt man ihn, ob er vielleicht noch mal müsse: »Alles gut!« Ist man ihm auf den Fuß getreten und bittet um Entschuldigung, ist gleich noch einmal »alles gut«. Es ist immer alles gut; und das ist natürlich überhaupt nicht gut.

Und nicht nur, weil immer dasselbe sagen nur dann in Ordnung geht, wenn es sich um eine Formel handelt, die aber ihren festen, genau bestimmten Ort hat. »Herzliches Beileid« sagen wir, um nichts anderes sagen zu müssen, weil es ja kein Fehler ist, wenn uns im Angesicht des Todes (und sei's auch eines fremden) nichts Rechtes einfällt. Eine Formel ohne Ort ist aber etwas anderes; sie ist ein Tumor. Sie frisst sich erst in die Gespräche, dann in die Sprache, und unversehens bestehen maßgebliche Teile von Rede aus Parole: »Alles gut!«

Das nervt nicht allein deshalb, weil Phrasen nerven; diese hier ist besonders sprechend, und schier unmöglich, in ihr nicht den affirmativen Generalbass der Zeit zu hören. Vor der »Alles gut!«-Phase haben die Leute vielleicht noch »Kein Problem!« gesagt, dessen Wirkung aber längst nicht so total und niederwalzend ist wie »Alles gut!«. Probieren wir es aus: »Möchtest du noch Ketchup?« »Kein Problem.« – »Musst du noch einmal auf die Toilette?« »Kein Problem.« – »Oh, jetzt bin ich dir doch auf den Fuß gestiegen!« »Kein Problem.«

Nur am Ende, da passt es, und darum war »Kein Problem!« auch kein Problem. »Alles gut!«, das passt so gut wie immer und ersetzt in unserem Beispiel zugleich »Nein, danke«, »Ich glaube nicht« und »Macht doch nichts«, bietet sich aber auch ohne weiteres als Ersatz an für »Bitte, gern«, »Kein Grund zur Beunruhigung« oder (ironisch) »Leck mich doch«. »Kein Problem!« war also nie die unterschwellige Botschaft, es gebe schlechthin keine Probleme, und sowenig ein unter eine Schuhsohle geratener Fuß eines sei, sowenig Problem sei das meiste, wo nicht alles andere.

»Alles gut!« ist aber bereits Propaganda, und zwar noch über die Tatsache hinaus, dass die Phrase als solche immer Propaganda ist. Wenn 50 Millionen Erwachsene hierzulande jeden Tag zehnmal »Alles gut!« sagen – und das ist eine sehr defensive Annahme –, ist binnen 48 Stunden die Milliarde voll, und da sind die Kinder noch nicht eingerechnet. Ideologie, ließe sich sagen, ist verinnerlichte Propaganda, und wie schwer, nicht letztlich alles gut zu finden, wenn alle immer »Alles gut!« sagen; und dann noch Dieter Nuhr im Fernsehen ständig sagt, wer nicht alles gut, sondern alles doof finde, der sei selber doof.

Aber apropos Nuhr und 50 Millionen: Gut möglich, dass »Alles gut!« bloß die (im doppelten Sinn) Parole der Mittelschicht ist, die mit Abstiegsängsten nach unten blickt, wo man über gut und nicht so gut aus eigener Anschauung etwas besser Bescheid weiß. »Alles gut!« wäre also auch eine Form der Selbstverständigung, genauer:

Selbstbestätigung, eigentlich: der Beschwörung, weil nicht sein kann, was nicht sein darf: dass nämlich nicht alles gut sei. Dass nämlich die Welt an Konkurrenz und Wettbewerb zugrunde geht; dass der verbissene Versuch, die eigenen Kinder via Spezialnamen und Spezialkindergarten und Spezialschule speziell zu machen, nicht nur nichts daran ändert, dass sie bloß zu der Verfügungsmasse werden, die der Individualitäts- und Selbstvermarktungskapitalismus gern und rücksichtslos in Anspruch und unter Kuratel nimmt, sondern das Unheil noch befeuert und etwaige Gedanken an Solidarität schon dadurch vereitelt, dass der Nachwuchs, man muss es so sagen, im Zweifel bereits unsolidarisch heißt, nämlich mehr oder minder grimmig nach Oberstadt und Gymnasium, schlimmstenfalls nach jener guten alten Zeit, als der Pöbel, zu dem eins nicht gehören will, noch wusste, wo er hingehört. Und also: Räum dein Zimmer auf, Eduard Otto! (Individualismus, auch das muss man so sagen, ist Kapitalismus ist Klassenkampf, und seit jeder und jede heißen kann, wie Gusto will, heißen sie exakt so, wie es ihrer Klasse entspricht. Deswegen ist Kevin, wie es eine Lehrerin einmal formuliert haben soll, ja auch kein Name, sondern eine Diagnose und muss das zentrale Kind in einem von Dörte Hansens faschistoiden Catch-all-Dorfromanen unbedingt Leon heißen.)

»Alles gut!« wäre also der Schlachtruf eines Positivismus, der im Neoliberalismus seine Erfüllung gefunden hat und die Welt, wenn schon als sonst nichts mehr, als technoromantisches Abenteuer wahrnimmt. »Alles gut!« gehört zum Wortschatz gerade jener Nachbarinnen, die in Allwetterkleidung aus dem Offroad-Familienmobil klettern und, während sie Janne-Marie und Julius losschnallen, mittels I-Phone sehr unaufschiebbare Gespräche führen. »Alles gut!«, das ist die stille (oder nicht so stille)

Aussage der rollenden Wagenburgen wie der Resilienzkluft, beide dafür gemacht und dafür einstehend, Probleme erstens draußenzuhalten und zweitens als solche der Natur zu klassifizieren, die darum unbedingt der technischen, keinesfalls aber der sozialen Lösung zugänglich sind. Das hat den weiteren Vorteil, dass man selbst sich als nicht zuständig empfinden kann; denn wo das Soziale ja per definitionem alle anginge, ist Technik was für die, die was davon verstehen.

Beispielhaft für diese Haltung ist der Berliner Kulturkorrespondent der *Zeit*, Ijoma Mangold, der in seinem Buch »Der innere Stammtisch. Ein politisches Tagebuch« (Hamburg: Rowohlt, 2020) der Welt, wie sie unabänderlich ist und bleiben soll, das große Wort redet; mehr als an jeden Moralappell glaubt er

> »an Christian Lindners vielgeschmähte Aussage: Lass mal die Profis ran. Wenn der Klimawandel so krass ist, wie gesagt wird (und es gibt keinen Grund, daran zu zweifeln), dann kriegen wir die Sache nicht durch moralisch motivierten Konsumverzicht gedreht. Nur der innovationsgetriebene Kapitalismus, der uns den hohen Ressourcenverbrauch überhaupt erst eingebrockt hat, wird es wieder richten. Die Wunde heilt der Speer nur, der sie schlug. Das wollen die engagierten Klimaaktivisten verständlicherweise nicht hören. Sie wollen, dass die Guten gewinnen, nicht die Effizienten, denn dann müssten die Bösen die Suppe am Ende gar nicht auslöffeln, die sie uns eingebrockt haben. Oder, anders gefasst: Sonst steigen die am Ende noch in ihren ökoneutralen Tesla-SUV und brettern weiter vergnügt mit 230 über die Autobahn!«

Das wollen sie hören, die Tag für Tag zur Effizienz Verdonnerten, die weder am perfekten Lebenslauf noch an der Kalorienzähluhr das mindeste auszusetzen haben: dass sie die Sieger der Geschichte bleiben. Die alte, längst nicht mehr spektakuläre Diagnose der Kritischen Theorie, wonach Fortschritt und Rückschritt dialektische Zwillinge sind – Vorteil des Smartphones: Man ist immer erreichbar; Nachteil des Smartphones: dito –; die Erfahrung, dass Energieeffizienz dem Klima nicht hilft, weil Effizienzsteigerungen zu höherer Nachfrage führen und überhaupt der sog. Rebound-Effekt einschlägig ist, was sogar die geneigte Motorpresse weiß: »Ein Konsument nutzt das E-Auto, das er als umweltfreundlich empfindet und relativ teuer bezahlt hat, öfter, als er einen konventionellen Pkw nutzen würde. Fahrten mit dem Rad oder dem öffentlichen Nahverkehr würden dann durch Fahrten mit dem Elektro-Auto ersetzt« (*autozeitung.de*, 8.10. 2020); der Umstand, dass der ökoneutrale Tesla Quatsch ist, weil seine Produktion locker das zehnfache jährliche Pro-Kopf-Budget an Kohlendioxid verbraucht und seine Batterien auf Rohstoffe angewiesen sind, die im Boden zu lassen umwelt- und menschenfreundlicher wäre – all das muss weder wissen noch wissen wollen, wer bereits weiß, dass alles gut ist; eben weil es ist, wie es ist.

Propaganda ist immer dann unwiderstehlich, wenn sie nicht kenntlich wird, und wer würde zögern, im zwanglos-reflexhaften »Alles gut!« die ehrliche Überzeugung (oder wenigstens Bitte) zu hören, dass es unterm Banner freiheitlich-demokratischer Individualität, unterm neoliberalen Diktat der pausenlosen Selbstpositionierung und -optimierung so sei? Dabei gäbe Bildung, die mehr wäre als Kompetenz, einen Hinweis darauf, wie wider den Wortlaut zutiefst glücksfern die schlimme Rede ist, wenn der berühmte Satz, den sie, wie bewusstlos immer, zitiert, ein Glück ausmalt, das sich von dem, mit 230 Sachen ökoneutral über die Autobahn zu brettern, vermutlich noch dann unterscheidet, wenn man Romantik mit Peter Hacks für eine reaktionäre Verschwörung hält:

> »Sie lächelte still und sah mich recht vergnügt und freundlich an, und von fern schallte immerfort die Musik herüber, und Leuchtkugeln flogen vom Schloss durch die stille Nacht über die Gärten, und die Donau rauschte dazwischen herauf – und es war alles, alles gut!«

Soweit Joseph von Eichendorff; der dem Taugenichts Mangold immerhin voraushat, dass er wollte, dass die Guten gewinnen. Und ja überhaupt ein Guter war.

du

»und dann gewöhnen wir uns ab, zu dem herrn assessor herr assessor zu sagen. alles so direkt! keine titel mehr! die herzlichkeit! bloß daß der, der jetzt nicht mehr herr assessor heißt, noch immer alles macht, was ein herr assessor so macht.«

Schernikau

Wie schön, Post zu kriegen, und wenn's auch nur vom Supermarkt ist: »Lieber Stefan, wir haben Angebote ohne Ende – und noch ein paar mehr, die darauf warten, dass du sie für dich entdeckst. Tauche ein in eine Welt, die aus Ahs und Ohs und genauso vielen Wows besteht! Schaue am besten regelmäßig auf rewe.de/shop-angebote vorbei, denn es gibt immer wieder Neues zu finden [...] Viel Spaß beim Stöbern und Sparen wünscht dein Rewe Team«, das mich nämlich lieb hat und darum kein Interesse an unnötiger Distanz. Das Rewe Team ist nämlich ein Team aus Freunden, und Freunde, die wollen mir nichts verkaufen, die machen mir bloß ein Angebot, ein Angebot aus Ahs und Ohs und vielen Wows, und damit ich mich so richtig zu Hause dabei fühle, bietet es mir das Du an, wie es unter Freunden üblich ist.

Vermutlich besteht auch hier wieder ein Zusammenhang zwischen der Tatsache, dass zwar längst noch nicht alle Menschen Geschwister geworden sind (oder bloß solche, die sich nicht ausstehen können), aber doch

Freunde; dass es, wo die Angst vor sozialer Degradierung zum Inventar gehört, eine Art Pflicht geworden ist, allezeit so unverkrampft herumzustiefeln, als sei die ganze Welt ein großes Zuhause und nicht der Ort, wo man, wie sie sagen, zu liefern hat. Vielleicht sind alle vom ewigen Liefern-Müssen auch bloß so müd', dass man nichts als Verständnis dafür haben muss, dass Gemütlichkeit überall Trumpf ist und Klamotten in allererster Linie bequem zu sein haben, nicht etwa ansehnlich. Wer vor einer Großstadtgrundschule auf den Filius wartet, der wird unter 50 Erwachsenen u.U. der einzige sein, der weder Jeans noch Turnschuhe trägt; denn das Leben, es ist hart genug, da will man's in der Freizeit bitte weich haben. Eigentlich will man's immer weich haben, aber auch einen sportlichen Appeal, denn das ist die Dialektik.

Und dieses eben auch: dass, wer weder Jeans noch Turnschuh trägt, in Wanderklamotten aus Kunstfaser zum Einkaufen latscht, Hose, Jacke, Rucksack, unten dran Gipfelstürmerschuhe, auf denen idealerweise »Renegade« steht, denn wenn das Leben hart ist, ist hart eben geil, und nichts haut uns um, denn wir haben die Technik und Neonfarbe. Das ist sie, die »Sorge um sich« (Foucault) als Sorge um etwas, das schon gar nicht mehr recht existiert.

Beide Sorten Kleidungsverweigerer: die Berufsjugendlichen wie die Wandereselinnen, treffen sich dann bei Ikea, dem unmöglichen Möbelhaus, das die Duzerei in einer Mischung aus Anschleimen und angewandter Skandinavistik eingeführt hat; wie Öffentlichkeit, Richard Sennett hat's beschrieben, ja etwas wäre, was den »Terror der Intimität« eben *nicht* kennte. Wer sich heute in die Kinderboutique verirrt (weil der Secondhandladen geschlossen hat und ja auch Geld da ist), der wird natürlich sowieso geduzt, auch wenn er Mitte Vierzig und die Duzende Ende Fünfzig ist und beide nicht mehr miteinander zu tun haben, als dass die eine Kinderpullover für siebzig Euro verkaufen will und der andere über den Gedanken, dass siebzig Euro drei Wochen Essen für ein Kind unter Hartz IV bedeuten, nicht stolpern soll, weil man doch hier unter Klassengeschwistern ist, die wissen, wie cool es ist, reiche Kinder zu haben, und mit dem Abstandhalten zum Pöbel schon beschäftigt genug sind, als dass sie jetzt noch Lust hätten, ihresgleichen zu siezen: Zahlst du mit Karte?

Deshalb ist die Hipster- und Bioelterneisdiele auch harte Duz-Zone, während man im freundlichen ital. Eiscafé selbstverständlich gesiezt wird; in jener wird man dafür grundlos angepampt, weil es sich, das wusste Mutti schon, viel leichter »du Arschloch« sagt als »Sie Penner« und der Ton in der Kommune soviel rauher sein kann als der im Büro. Und trotzdem bringst du es an der Kasse vom Unverpacktladen nicht über dich, die junge Frau zu siezen, die deine Tochter sein könnte, weil, alt und jung, das ist doch ein viel kleinerer Graben als Prolo / nicht Prolo, und ist man unter sich, dann sagt man du, nicht wahr? (Fast lob' ich mir da das Du, wo es nach alter Väter und Mütter Sitte noch herablassend ist: Während Suhrkamp den Profis, die auf der Homepage Rezensionsexemplare bestellen, selbstverständlich per Sie begegnet, werden Amateure angesprochen, als hätte man es mit Kindern zu tun: »Du liebst Bücher und teilst Deine Lektüreeindrücke regelmäßig online? Trage Dich in unser Anmeldeformular für Bloggerinnen und Blogger ein, um offiziell bei uns registriert zu sein. Und wenn Du möchtest, informieren wir Dich in unserem Blogger-Newsletter außerdem regelmäßig über aktuelle Leseexemplare und Aktionen rund um unsere Bücher.« Die neuen aus der beliebten Pixi-Reihe etwa.)

In dem Maße, in dem die Sozialdemokratie verschwindet, wandert ihr genossenschaftlich-kämpferisches Du dahin, wo im andern der Nächste zwar noch erkannt wird, aber bloß als einer, der genauso jeden Abend Netflix guckt. »In deinen Augen steht so vieles, was mir sagt / Du fühlst genauso wie ich« (P. Maffay, »Du«, 1970). »Du«, das ist die prima flache Hierarchie, hinter der, die Erfahrung lehrt's, oft der tiefe Abgrund des Autoritären, mindestens falsch Gemeinschaftlichen gähnt; bei der aggressiven, um Weltherrschaft bemühten Schwindelfirma Wirecard soll auf der Führungsebene »Kampfduzen« *(Süddeutsche Zeitung)* regelrecht Vorschrift gewesen sein. Heute Deutschland, morgen die Welt, und vielleicht hat es ja seinen Grund, dass es einst nicht hieß: »Wollen Sie, meine sehr verehrten Damen und Herren, den totalen Krieg?«

Es gibt, man weiß es, kein Richtiges im Falschen, und wie in einer freien Welt das Du jene Nähe ausdrücken mag, die mehr (oder weniger) wäre als verordnete oder aufgedrängte Intimität, ist in der unfreien jedes Du von Fremden so gelogen wie die ungezwungene Garderobe, die alle zwanghaft ständig tragen. »Umgänglichkeit selber ist Teilhabe am Unrecht, indem sie die erkaltete Welt als eine vorspiegelt, in der man noch miteinander reden kann«, sagt Adorno, »und das lose, gesellige Wort trägt bei, das Schweigen zu perpetuieren, indem durch die Konzessionen an den Angeredeten dieser im Redenden nochmals erniedrigt wird. Das böse Prinzip, das in der Leutseligkeit immer schon gesteckt hat, entfaltet sich im egalitären Geist zu seiner ganzen Bestialität. Herablassung und sich nicht besser Dünken sind das Gleiche.«

Im Zuge eines etwas älteren ZDF-Berichts im »Heute Journal« über den Karlsruher Hauptfriedhof, den zum Abenteuer- und Erlebnisfriedhof gemacht zu haben der

Leiter des Friedhofsamts und »Friedhofsrebell« (ZDF) mit dem wundersam passgenauen Namen Matthäus Vogel sich in den Lebenslauf schreiben darf, hatte eine Frau Auftritt, die um zwei jungerwachsene Söhne trauerte, ihre Trauer auf Befehl Vogels auf einem »ungewöhnlichen Trauerweg« (ZDF) aus spitzen Steinen bewältigen musste und wohl auch darum tapfer in die Kamera sprach: »Ich will nicht rumjammern. Weil, meine Buben würden das nicht wollen. Die würden sagen: Mutter, hau rein, Mutter, mach dich geschmeidig. Und das versuche ich für meine Buben, aber letztendlich: für mich selber.«

Nicht rumjammern, sondern geschmeidig machen, um in jedem Sinn reinzuhauen: dafür steht das Du. Und wie Vogels vollidiotischer Friedhof »sich ganz bewusst an die Lebenden wendet« (ZDF), wendet sich das falsche Du an die Toten, die so tun, als seien sie, oh, ah und wow, lebendig.

dramatisch

»Drama, Baby; Drama!«
Bruce Darnell

Eine, nein: *die* Klassikerin unter den medialen Aufblasvokabeln, seit mindestens 15 Jahren (vgl. Stefan Gärtner, »Man schreibt deutsh«, Reinbek: Rowohlt, 2006), gewiss aber noch viel länger; denn wo Realität war, soll Drama werden, wie Presse, Schopenhauer hat es vor Kraus schon gewusst, die Zurichtung der Welt zum immerwährenden Drama ist, zur ständigen Sensation aus dramatisch gestiegenen Zahlen, dramatisch gefallenen Preisen, dramatischen Unruhen und dramatischen Krisen. Dass nach wie vor – und trotz des drängend konkurrenten »massiv« – schlechthin alles dramatisch ist (und gewissermaßen dramatisch variationsarm), ist dabei die Wahrheit über die Phrase in der Phrase selbst, die Wahrheit auch über das Mediale als solches, das praktisch ausnahmslos vom Dramatischen lebt, von also der Gleichzeitigkeit (oder heißt es heute: Zeitgleichheit?) von Übertreibung und Relativierung, von Sensation und Vermitteltheit.

Die Terrorvokabel »dramatisch« ist der Versuch, zwar »schlimm«, »erschreckend« oder »atemberaubend« zu sagen, aber so, dass weder das Bedürfnis nach dem geist- und nervenschonenden Passepartoutwort verletzt wird noch das Verlangen, nicht allzu arg behelligt zu werden: Hey, es ist nur Show; ein Griff zur Fernbedienung, und es ist gut. Oder wenigstens vorbei. »Der Sachverständigenrat erwartet, dass der Konjunktureinbruch wegen der Pandemie weniger dramatisch ausfällt als befürchtet« (*SZ*, 11.11.2020), mithin so, wie von Anfang an zu erwarten war, dass er ausfallen würde, was »dramatisch« ehrlicherweise mitteilte. »Dramatisch« lässt sich also prima immer zweimal verwenden, beim Aufblasen der Chose und beim Rauslassen der Luft, und das eine weist aufs andere, und so geht es immerzu fort.

In der Alltagsrede spielt »dramatisch« keine große Rolle. Da fehlt nämlich die Fernbedienung; und dass schlechthin alles Drama sei, wäre ja eben die Erkenntnis, die den kulturindustriellen Komplex in Frage stellte und damit alle, die nur insoweit leben, als »noch nie so viele Möglichkeiten der Unterhaltung existierten« (D. Nuhr). Und die überlassen wir eben den »Profis« (Lindner), denn die wissen, wie es geht, wissen es wirklich: »Hat der Antisemitismus in Deutschland dramatisch zugenommen?« lautete die vorbildliche, an der Antwort nur mehr pro forma interessierte dumme Frage im großen *SZ*-Interview mit dem Chef des Bundesamtes für Verfassungsschutz in der Wochenendausgabe vom 8. und 9. August 2020. Herr Haldenwang gab die Antwort trotzdem: »Ich mag nicht immer von ›dramatisch‹ oder ›besorgniserregend‹ sprechen, bei diesen Wörtern hört irgendwann keiner mehr hin.«

Könnte sein, darum geht es.

scharfe Kritik

Eine enge und genauso verlässliche Verwandte des Dramatischen, und gegen vermutlich nichts habe ich im Leben so stur angeschrieben, ja schärfste Kritik angestrengt wie gegen eben sie; natürlich ohne jeden Erfolg. Es gibt nach wie vor praktisch keine andere: Kritik ist eine scharfe oder eben keine, wie moderat sie auch immer formuliert sein mag, wie zahm im Einzelfall ihr Inhalt. Man kann das ohne weiteres googeln; nehmen wir den ersten Treffer von heute, Donnerstag, den 12. November 2020, einen Sportbericht der *Westdeutschen Allgemeinen Zeitung*, der unter der Zeile »Scharfe Kritik an BVB-Star Julian Brandt« vom Länderspiel eines jungen Fußballers Mitteilung macht und u.a. den Bundestrainer Joachim Löw zitiert, erkennbar wie stets am guten Deutsch:

> »›Er war nicht immer glücklich in allen Aktionen‹, sagte Löw: ›Ich hoffe und erwarte den nächsten Schritt von ihm. Er hat sehr viel Können, ist aber ein bisschen schwankend in der Leistung.‹ Bei RTL forderte Löw, dass Brandt ›die nächste Hürde überspringt‹. […] ›So eine Chance muss er nutzen, um nachhaltig Ansprüche anmelden zu können‹, sagte RTL-Experte Michael Ballack, der genau wie Löw monierte: ›Er macht aus seinen Möglichkeiten viel zu wenig.‹«

Das ist, kein Zweifel, Kritik: Ein Fußballer muss aus seinen Möglichkeiten mehr machen und die nächste Hürde überspringen, auch wenn er freilich kein Hürdenläufer ist. Aber RTL-Experte Michael Ballack ist ja RTL-Experte für Fußball und nicht für Leichtathletik, und wenn Jogi Löw den nächsten Schritt hofft, dann geht das grad im Sportteil voll in Ordnung. Eine ernstlich scharfe Kritik würde aber, weil eben scharf, die Grenze zur Polemik mindestens in den Blick nehmen, wäre gnadenlos, spitz, verletzend auch. Dass einer ein bisschen schwankend in der Leistung ist und jetzt vielleicht einmal *liefern* müsste, ist Kritik, meinetwegen deutliche; scharfe Kritik indes ginge anders: »Dieser grüne Junge hat in der Nationalmannschaft nichts verloren, er ist ein Versager auf der ganzen Linie. Die Chancen, die dieser Trottel verstolpert, würde meine Oma noch verwandeln. Wenn er mir noch einmal unter die Augen kommt, kotze ich!« Das wäre scharfe Kritik; alles andere ist: Kritik.

Interessant dabei, dass zwar unverzagt scharf und immer gleich hübsch dumm kritisiert wird, selbst wenn nur Einwände vorgebracht werden:[4] »Der Lehrerpräsident [...] Meidinger kritisierte dabei scharf die Haltung einiger Kultusministerien: ›Die Politik differenziert nicht genug. Schulen offen zu halten versteht sie als komplet-

4 So wie immer gleich hübsch dumm etwas in der Überschrift eskaliert (»Brexit-Streit zwischen Brüssel und London eskaliert«), was sich in der ersten Zeile dann aber erst verschärft (»verschärft sich der Streit über die finanziellen Verpflichtungen«), weil ein CDU-Europäer »erstaunt wegen des Mangels an Realismus in London« ist, ein Haushaltskommissar etwas klarstellt und Unterhändler zu einer zweiten Verhandlungsrunde zusammenkommen wollen (alles ebenfalls *SZ*): eine Eskalation aus Erstaunen, einer Klarstellung und einer Verabredung zum Meinungsaustausch. – Es gibt ja Leute, die nennen die Zeitungen »Lügenpresse«. Ich tu es nicht; es muss ja nicht alles gleich eskalieren.

ten Präsenzunterricht für komplette Klassen‹« (*SZ*, 12.11. 2020), dass aber, als der ARD-Fußballexperte Mehmet Scholl sich mal das Scherzwort erlaubte, der Spieler Gomez habe sich so wenig bewegt, dass er, Scholl, fürchte, der Exkollege könne sich wundgelegen haben, das Land kopfstand. Scharfe Kritik, möchte man da schlussfolgern, ist längst als Simulation durchschaut und als Synonym für Kritiklosigkeit ins Großhirn gesickert; denn wenn einer sich erlaubt, tatsächlich hinzulangen, nämlich witzig, spitz, verletzend auch zu sein, sind sie alle überrascht und beleidigt: Da bricht einer die Verabredung, wonach zwar in der freiheitlichsten Grundordnung aller Zeiten alle alles ständig kritisieren dürfen, aber ohne dass es wehtut. Die Originalität, die alle so gern vor sich hertragen, ist genau danach, und der Individualität unserer Individualistinnen entspricht die Schärfe dessen, was ihnen als Kritik aufgetischt wird.

Dies alles kann Kritik als Idee nicht bekommen, und dass scharfe Kritik in den asozialen Medien nur mehr Schärfe ohne Kritik ist, wäre dann als Kompensation zu verstehen: der stumme Schrei der Dummen, der leider nicht stumm, sondern dumm ist. – Und apropos: Die Internet-Sexseite Pornhub.de ist, glauben wir der Morgenzeitung, »extrem erfolgreich«, vermutlich weil der Kollege, der's wusste und sogleich in die Tasten gehauen hat, extrem viel Zeit davor verbringt. Denn extrem viel hilft extrem viel, und am Schluss ist man extrem leer.

Was man so hört.

liefern, bespaßen, bespielen

Dass Fortschritt und Rückschritt zwei Seiten einer Medaille sind, hatten wir, und so angenehm es ist, dass die Klage über die »Servicewüste Deutschland« kaum mehr geäußert wird (außer vielleicht auf deutschen Bahnsteigen oder wenn das Bordbistro mal wieder geschlossen hat), so setzt der Siegeszug der Dienstleistungsgesellschaft die Klassengesellschaft auf neue Weise in Szene: Es gibt jetzt die, die liefern, und die, die liefern lassen. Dass die, die tags liefern, abends vielleicht auch mal liefern lassen, und dass die, die Tag für Tag, ob im Büro oder auf der Baustelle, »zu liefern« haben, bei der abendlichen Lieferung weder Trinkgeld geben noch sonstwie zeigen, dass sie wüssten, wie nahe liefern und liefern lassen – und, insgesamt, geliefert sein – beieinander liegen, ist kein Indiz gegen die Stichhaltigkeit der Vorstellung, Haben und Nichthaben sei mit Liefernlassen und Liefern identisch.

Dienstleistungsgesellschaft heißt, man kann, wenn man's kann, jemanden springen lassen, und dass die, die man springen lässt, ihrerseits Wert darauf legen, bei anderer Gelegenheit andere springen zu lassen, bedeutet nicht Egalität, sondern bloß, dass die Schwachen sich an den je Schwächeren schadlos halten:

»(18) inke fährt weg in ein ganz anderes land. als inke in dem anderen land ist, ist alles so billig. da ißt inke jeden tag schnitzel.

(19) als inke in dem anderen land ist, ist alles schön. alles ist wie immer, bloß ohne arbeit.

(20) als inke in dem anderen land ist, geht inke herum und kuckt das an, was sie alles kennt.

(21) wenn inke zurückfährt, sagt sie aufwiedersehen. zu dem mann, der ihr immer das essen bringt, sagt inke auf wiedersehen. zu dem mann, der ihr immer die zeitung gibt von zuhause, sagt inke auf wiedersehen. zu der frau, die ihr immer alles sauber macht, sagt inke auf wiedersehen. alle drei sagen zu inke in der sprache von inke auf wiedersehen. aber sie meinen es nicht so.« (Schernikau: »Legende«, IV/8:14)

Darum muss, wie es bloß vordergründig metaphorisch heißt, geliefert werden, denn nur wer liefert, hat seinerseits Anspruch auf den Lieferservice. Dass, wie gesagt, das nichts mit Egalität zu tun hat, kann sogar ahnen, wer das Spiel mitmacht, denn liefern müsste er auch, wenn er sich nicht beliefern ließe, also was.

Der Triumph der Metapher »liefern« gründet darin, dass sie keine ist; dass vielmehr die Wendung, es müsse geliefert werden – dass die Politik jetzt liefern muss, weil der kleine Mann, die Steuerzahlerin und die Menschen im Lande ihrerseits liefern müssen und ja auch klaglos liefern –, das Gesetz, unter dem Tag für Tag anzutreten ist, gültig formuliert. Als der Fußballer Mario Götze, der im WM-Finale 2014 das deutsche Siegtor erzielt hatte, bei der Nationalmannschaft ausgemustert wurde, weil es mit dem Toreschießen nicht so weitergehen wollte, informierte eine Jugendfußballerin im Nachrichtenfernsehen darüber, dass das ihrer Meinung nach ganz in der Ordnung sei: Wer nicht liefere, der müsse eben gehen. Das Mädchen war höchstens 17 und schon so hinüber, dass es wie bestellt wirkte, die Freuden des Leistungslieferwesens anzuzeigen. Beschweren sich die Online-Rezensionen beim großen Alles-Lieferdienst, der gelieferte Kafka sei langweilig und unverständlich, gibt es den einen Stern dann für die Lieferung als solche: dass das Buch, das auf der Stelle wieder zurückgeht, immerhin schnell und ohne Knicke geliefert worden ist. Weshalb alle Beschwerden, die Kundschaft bestelle zäh drauflos und sende 80 Prozent (kostenlos) retour, auch ins Leere gehen: Nur wer bestellt, bekommt geliefert.

Die Leute sind, wie auch nicht, damit einverstanden, und wo das Leben zusammenschnurrt auf liefern und geliefert kriegen, wird auch bei der Kindererziehung geliefert. Vorstellbar wäre, dass wir mit unseren Kindern spielen, gemeinsam; die Grenze zum Abenteuerland, in das sich die Kindsköpfe sehnen, lässt sich ja respektieren. Die Liefergesinnung will aber nichts kennen außer sich selbst, und auf Kinderspielplätzen drehen sich die Gespräche so gut wie ausschließlich darum, ob die Kita liefert und die Kinderärztin liefert und welches Kind wie früh, wie gut und schneller als andere liefert; und also kein Gedanke daran, dass man mit Kindern zwar spielen oder sie ihrem Spiel überlassen kann, dass Kinder »bespielen« oder »bespaßen« aber eins ist mit der unmittelbaren Vernichtung von allem, was Spiel und Spaß nicht nur heißen will.[5] Es ist schlicht Dienstleistung.

5 Das ist konsequent, denn Spiel und Spaß ohne Nebensinn sind verdächtig: »Erste Bücher für kleine Entdecker« z.B. sind nicht einfach welche »mit schönen Schiebeeffekten«, sondern bestehen, wie neuerdings so vieles für Kinder, auf solcherlei Hinweisen: »Dieses Buch fördert Wortschatzerweiterung, Sprachentwicklung, Motorik, ab 18 Monaten«. Selbst »Mensch ärgere Dich nicht« soll als konzentrationsförderlich angeboten worden sein, und ein »interaktiver Spielzeugotter«, weiß Amazon, »bringt dem Baby das Abc und erste Wörter bei. Jede Taste entspricht einem Buchstaben. Wird die Taste ge-

»Etat geholt, Rasen gemäht, Kinder bespaßt – und jetzt Zeit für mich«, ging sinngemäß eine Reklame, die ca. den neuen Mann im Blick hatte, der aber bloß der alte ist, der noch am Sonntag zwanghaft liefert. Instrumentelle Vernunft hat ja durchaus ihr Gutes; aber auch hier gilt, dass die Dosis das Gift macht. Sie können nicht mehr anders, und wiederum verbirgt sich hinterm flott-ironischen Wort das allergrauste Grau, die allertraurigste Kaputtheit. »Ich hab' gerade keine Lust, dich zu bespielen«: dass es diesen Satz nicht gibt, verrät die Falschheit der Vokabel, denn geht es ums Liefern, ist nicht wichtig, ob die Liefernden Lust dazu haben: Liefern ist etwas, was getan werden *muss*, und keine Lust haben zu liefern ist wie keine Lust haben, aufs Klo zu gehen.

Das Lustprinzip ist also auch hier eigentlich längst suspendiert und ans Instrumentelle verraten: den Chef bedienen, das Nötige besorgen, die Kinder bespielen, und noch im günstigsten Fall, der die morphologische Verwandtschaft mit der Betreuung in Anschlag bringt, ist das Verhältnis von oben und unten, von stark und schwach, wie es sich im Spiel, »von den Fesseln jedes Zweckes, jeder Pflicht, jeder Sorge frei« (Schiller, »Über die ästhe-

drückt, hört das Baby den Buchstaben und ein Wort, das damit beginnt.« Und immer so fort: »Sortierspiel: Ihr Baby muss die Größe der Möhren erkennen, um sie wieder in den Steckplatz einsetzen zu können. Entwicklungsvorteile: Während Ihr Kleinkind mit diesem Holzspielzeug spielt, entwickelt er/sie auch Feinmotorik, Hand-Augen-Koordination, Formerkennung und Geschicklichkeit … Helfen Sie Kindern dabei, ihre Vorstellungskraft und Handflexibilität zu steigern, trainieren Sie die Hand-Augen-Koordination und koordinieren Sie beide Hände. Fördern Sie die Entwicklung des Gehirns … So trainieren Kinder spielerisch ihre motorischen Fähigkeiten … Fördert die Farberkennung«, damit Henry die Farben besser erkennt als Ida: Vorsprung durch Technik. – Aber bei »Mensch ärgere Dich nicht«, da sei im Netz doch noch mal nachgeschaut: »Mal zum Ärgern, mal zum Freuen – der große Spielspaß für die ganze Familie« – wie schön!

tische Erziehung des Menschen«, 15. Brief), ja gerade auflösen müsste, als unüberwindlich gesetzt.[6] Bespielen, das ist die Belieferung mit jener Zuwendung, die nur mehr als bestellte überhaupt vorstellbar ist, und wer bespaßt, war von jeher der Animateur, in dessen Figur wie in dessen Aufgabe sich das Ineins von Urlaub und Arbeit vollzieht: dass man auch im Urlaub zum Exerzieren angehalten wird von einem, der immerwährenden Urlaub mit immerwährender Arbeit bezahlt. Wenn die Animateure, als welche die bespaßenden Erwachsenen in Erscheinung treten, ihr »Auf Wiedersehen« auch so meinen, liegt das einzig daran, dass dieses Wiedersehen, die völlige Austauschbarkeit der Animiersüchtigen unterstellt, ganz unausweichlich ist, und noch in dem, was da, mit demselben Nebenton immerwährender Produktion, »Qualitätszeit« heißt, degradiert sich Papa so willig wie unnötig zum Hampelmann, der noch das, was schön und unschuldig sein könnte, zur zweckmäßigen und darum völlig wertlosen Lieferung macht.

Dass, wer in jungen Jahren der Bespielung und Bespaßung unterfällt, fürs verschulte Studium, den Safe Space und allen weiteren Service der Dienstleistungsuniversität so dankbar sein wird wie für die Bespaßungsangebote aus der Hosentasche, ist freilich einer der öderen kulturkritischen Einwände und soll darum hier unterbleiben.

6 Im »Wörterbuch des Unmenschen« macht Dolf Sternberger unterm Stichwort »Betreuung« auf das Gewalttätige der Vorsilbe »be-« aufmerksam: »Dieses ›be-‹ drückt nicht bloß ein selbstloses Hinzielen auf den Gegenstand aus wie die einfachen Transitiva ›lieben‹ und ›schützen‹, sondern eine Unterwerfung des Gegenstands, und darauf kommt es an. […] Muster und Vorgänger sind: Beherrschen und Betrügen, Beschimpfen und Bespielen, Bestrafen, Benutzen, Beschießen, Bedrücken, auch Belohnen und Beruhigen. […] Man betreut jemanden und damit basta. Dieses Verhältnis ist ein totales.«

insofern

Das Geheimnis des Journalismus: Hinschreiben und stehen lassen. »Dann erklärt er die sieben Gänge; erzählt, dass er in Japan weder erlebt habe, dass die Rinder massiert noch mit klassischer Musik beschallt werden« (*Süddeutsche Zeitung*, 22. / 23.8.2020, S. 54). Insofern kann jeder, der eine Laptop-Tastatur bedienen kann, Journalist, Journalistin werden.

Stimmt nicht? Stimmt doch: »Gerne hätte man mit [Claudia Schiffer] über all dies geplaudert, auf eine Anfrage bei ihrem Management kam aber nicht mal eine Absage zurück. Insofern wünschen wir Claudia Schiffer hier einfach Happy Birthday zum Fünfzigsten« (*Süddeutsche Zeitung*, 22. / 23.8.2020, S. 49), und insofern ist es ganz ausgeschlossen, dass dieses Büchlein irgend etwas zum Besseren wendet, denn gegen eine modische Dummheit ist, mit Fontane, Klugheit machtlos. Mithin wird es nie wieder so sein, dass, will wer eine Kausalität ausdrücken, das unter Verwendung von deshalb, deswegen, darum tut. Sie werden »insofern« sagen, immer nur »insofern«.

Warum?

Weil sie so schrecklich skeptisch sind. Weil es ja gar nicht klar ist, dass das eine aus dem anderen folgt; weil, laut David Hume und seinem Empirismus, Kausalität zunächst bloß ist, dass erst das eine und dann das andere geschieht. Und das nenne man, so Nietzsche (»Morgenröte«, 121) geradezu medienkritisch, »Ursache und Wirkung, wir Toren! Als ob wir da irgend Etwas begriffen hätten und begreifen könnten! Wir haben ja Nichts gesehen, als die Bilder von ›Ursachen und Wirkungen‹! Und eben diese Bildlichkeit macht ja die Einsicht in eine wesentlichere Verbindung, als die der Aufeinanderfolge ist, unmöglich!« Bestenfalls sogar unnötig.

Über Schopenhauers »Nothwendigkeit« jedenfalls lacht der heutige Mensch, dieses »individuelle Individuum« (Ronald M. Schernikau), bloß laut. Er ist nämlich, trotz Schopenhauer, der Hypotheken fürs Häuschen und des Genörgels vom Chef, ganz frei, ist so sehr denkendes Wesen, dass er immer alles in Frage stellt, noch wenn er's nicht ausdrücklich tut. Dass der Apfel vom Baum plumpst, weil es Gravitation gibt, will der denkende Mensch so gar nicht bestätigen, denn der Apfel fällt nicht vom Baum, weil, sondern insofern es Gravitation gibt. Das klingt nicht nur intellektuell, das ist es auch. Könnte ja sein, es ist Quatsch, das mit der Gravitation, aber da es im Alltag praktischer ist anzunehmen, es gebe sie, behelfen wir uns mit »insofern«. Insofern ist »insofern« das »weil« des folgenlosen Skeptizismus, aber auch das »irgendwie« unter den Konjunktionen, denn nichts Genaues weiß man nicht, und Freiheit, das ist halt immer auch Unsicherheit.

Könnte nämlich genauso sein, es ist Quatsch, das mit dem Kapitalismus, aber dies ist ein Gedanke, der im Alltag, dieser Katastrophe aus Apple, Lärm und Richard David Precht, nicht weiterhilft. Also verstecken wir unsere Skepsis so gut, dass wir selbst nicht mehr wissen, dass wir sie überhaupt versteckt haben; wer's nicht weiß, könnte finden, wir seien einverstanden. Aber ein Rest Skepsis ist geblieben, ein Vorbehalt, eine Kautele: Ja, wir sind d'accord, sofern – und eben nicht: weil – das alles stimmt, was sie uns erzählen. Verschwörungstheoretiker, die glauben, es stimme rein gar nichts, sind wir noch nicht, aber Skeptikerinnen, das schon, schon weil nur Idiotinnen alles glauben, was man ihnen sagt.

Also gilt alles nur insofern, als auch der Rest gilt. Eine erfreuliche Einschränkung eigentlich, und fast wirklich auf eine Weise intellektuell, wenn es sich nicht mit der Phrase so verhielte, dass sie als solche unwahr ist. Nicht alle sagen »I love you«, sondern alle sagen »insofern«, weil's der Journalismus, dieser Hort der allerstrengsten Skepsis, ihnen vorkaut. Wer ahnt, dass er keinen Arsch in der Hose hat, aber trotzdem Geld dafür kriegt, im Meinungsbeitrag La Paloma zu pfeifen, der sagt: Insofern muss die Kanzlerin jetzt handeln. Denn ein klares »darum« hieße ja, sich eine Kausalität einzugestehen, die es doch offiziell nicht gibt: dass nämlich die Verwertungsgesetze des Kapitals, dass die Logik des Nationalstaats und des bürgerlichen Interesses dafür sorgen, dass Kanzlerinnen in aller Regel so handeln, wie sie handeln. Wenn es stimmt (und wir nehmen es an), dass die bürgerliche Demokratie die Agentur des Kapitals ist, dann folgt daraus alles andere; dann muss, wer immer regiert, eben darum so handeln, wie er (oder sie) handelt; dann muss noch ein Ministerpräsident der Linkspartei sich freuen, wenn irgendeine Blödfirma mit einer Blödfabrik für Blödprodukte Arbeitsplätze schafft. Dass alles einen Grund hat, und evtl. wirklich nur einen, wird von »insofern« schön kaschiert, denn nicht weil das Kapital kocht und das Personal kellnert, sind die Dinge so, wie sie sind, sondern eben bloß insofern; und wer vom Geländewagen überrollt wird, weil Neonhelm und -weste fehlten, der wird von der strikten Kausalität, die hier dann plötzlich gelten soll, dadurch Abstand gewinnen wollen, dass er insofern selbst dran schuld ist.

Auch dass es in der entwickelten Chancengesellschaft

jeder und jede schaffen kann, stimmt nur insofern, als es nicht stimmt. Selbst wenn es wahr wäre, dass jeder dieselben Chancen hat, hinge die Nutzbarkeit der Chance davon ab, dass jemand anderes sie nicht oder nicht im selben Maße nutzen kann. Eine Chance haben heißt, sie zu haben in Abhängigkeit von anderen, die sie genauso haben. »Ich schaffe es, weil ich es will und kann« gilt also nicht. Es gilt: »Ich schaffe es, insofern kein anderer es schafft.«

»Insofern« ist also nicht allein die Kernvokabel eines Zweifels, der so lau ist, dass er problemlos mit Einverständnis verwechselt werden kann, sondern Ausdruck ständiger Unsicherheit unter Konkurrenzbedingungen. Das Leben ist nicht, dem Geheimrat aus Weimar zum Trotz, gut, wie immer es sei, sondern nur insofern wir's nicht vergeigen, insofern wir's schaffen, insofern wir noch die Chancen nutzen, die wir gar nicht haben. Insofern ist alles prima; insofern ist alles scheiße.

Und insofern geht's jetzt weiter mit

nachvollziehen

Ich kann mir ja nun nicht immer alles merken; also war es bloß irgendein US-amerikanischer Professor oder Nobelpreisträger, der Deutsch sprach oder sogar deutschstämmig war, und der sagte in der (deutschen) Zeitung, er spreche noch ganz gut Deutsch, auch wenn er sich an das neuartige »nachvollziehen« noch gewöhnen müsse.

Man muss eben von außen kommen, um zu hören; spricht man, wie man spricht, findet man eh nichts dabei.

Nichts, wirklich gar nichts ist dem deutschen Redestumpfsinn so entgegengekommen wie die Idee, aus dem Nachvollziehen von Reiserouten oder Lösungswegen den generellen Nachvollzug von allem zu machen, was da in Köpfen Dasein fristet; denn dass man die Dinge endlich nicht mehr zu verstehen brauchte, sondern nur mehr nachzuvollziehen, was musste das, zumal für deutsche Befehlsempfangsdamen und -herren, für eine Erleichterung gewesen sein! Wenn Gleichschritt doch, ein Wort Albert Einsteins zu variieren, das Gehirn entlastet und es nichts als Stress ist, in der Vermittlung der Vernunft mit dem Verstand eine Urteilskraft zu entwickeln, »deren richtiger Gebrauch so notwendig und allgemein erforderlich ist, daß daher unter dem Namen des gesunden Verstandes kein anderes, als eben dieses Vermögen gemeinet wird« (Kant). Nämlich zu verstehen, ordnend und kritisch zu beurteilen, Neues und Gewusstes abzugleichen und miteinander in Beziehung zu bringen; während nachvollzogen bloß das wird, was ein anderer vorvollzogen hat.

Ein Verstand, der bloß nachvollzieht, um Vollzug melden zu können, ist eo ipso keiner mehr.

»Nachvollziehen« ist womöglich die übelste Gewaltleistung von Verwaltungs- als Autoritär- und Zombiesprache: verstehen, begreifen, einsehen, für plausibel halten, nachempfinden – alles mehr oder minder rasiert und der verbissen begeisterten, blind- und taubwütigen, zutiefst dem herrschenden Positivismus verpflichteten Nachvollzieherei zum Opfer gefallen. Nachvollziehen reduziert Verstandestätigkeit auf ja/nein, auf Kopfnicken und Kopfschütteln, auf Zustimmung und eine Ablehnung, die als behavioristisch nuancenfreie bloß eine Variante von Zustimmung ist. Selten wird ein bisschen oder eher nicht nachvollzogen; man vollzieht total nach oder eben total nicht: »Kann ich echt nicht nachvollziehen!«

Meinten wir es gut, könnten wir finden, »nachvollziehen« habe, anders als das übrige Resterampenvokabular, einen Nutzen, indem es nämlich »verstehen« ohne den empathischen Nebenklang von »Verständnis haben« zum Ausdruck brächte. »Ich verstehe den Nationalsozialismus« sagt ja niemand, der sagen will, er habe alles über den Nationalsozialismus gelernt und wisse nun, wie er funktioniert hat; wer das sagen will, wird aber auch nicht sagen: »Ich kann den Nationalsozialismus gut nachvollziehen«, denn so pauschal, wie »nachvollziehen« verwendet wird, würde man auch hier missverstanden, falls man nicht in der AfD ist. »Können Sie diese Kritik nachvollziehen?« fragt es mir aus einer seriösen Monatsschrift entgegen, und wäre die Vokabel nicht so sterbenstot geritten, hier hätte sie eine Berechtigung, nämlich anzuzeigen, dass die Frage nicht darauf zielt, ob die Kritik stimmt, sondern ob es möglich sei, ihre Gründe und Argumente zu verstehen. Ein Unterschied, wenn auch ein so kleiner, dass die deutsche Sprache, soweit ich sehe, die längste

Zeit ihres Bestehens ohne das hässliche, jämmerliche, nichts als »unvergrübelt praktischen Sinn« (Adorno) anzeigende Un- und Krankwort »nachvollziehen« ausgekommen ist.

Was damit zusammenhängen mag, dass be-greifen in einer Welt ohne die Allgegenwart technischer Assistenz noch etwas Alltägliches war. In unserer Welt, die die technische Assistenz selbst ist und deren tieferer Sinn darin besteht, die Hausrolläden mit der App zu steuern, muss ein Wort wie »begreifen« einfach aussterben. »Verstehen, urspr. dicht vor etwas stehen (um es zu erkennen)«, definiert das »Wörterbuch der philosophischen Begriffe« (Hamburg: Meiner, 1998), aber es steht ja nichts mehr dicht vor uns, es ist ja alles fern und ausgelagert, und wo, wer hinlangt, ins Leere fasst, wo, wer einer Schwindelfirma die Meinung sagen will, im Callcenter landet, da ist der Zweck von erkennendem Verstehen und konkretem Begreifen vielleicht schlicht nicht mehr *darstellbar*. »Das vom VERSTANDE richtig Erkannte ist die REALITÄT; das von der VERNUNFT richtig Erkannte die WAHRHEIT, d.i. ein Urtheil, welches Grund hat« (Schopenhauer, »Ueber die vierfache Wurzel des Satzes vom zureichenden Grunde«); doch was lässt sich schon, zwischen Algorithmus, Reklame und totaler Medialität, als richtig erkennen? Und wie sehen Urteile aus, deren Grund eine Filterblase, der Wirtschaftsteil der *FAZ* oder ein Kommentar in den *Tagesthemen* ist?

Möchte sein, die Leute haben sich doch so etwas wie Reserve bewahrt und weichen, wie instinktiv immer, aus, weil sie ahnen, dass die Bildungsrepublik ein Betrug ist und sie in Wahrheit nichts verstehen sollen, was über einen Schaltplan oder eine Gebrauchsanweisung hinausgeht. Dass es das Glück sei, dumm zu sein und Arbeit zu haben, hielt schon Benn für ausgemacht, und wo, in unserer großen Zeit, »alle Kraft angewandt wurde, das Leben reibungslos zu machen, bleibt nichts übrig, was dieser Schonung noch bedarf. In solcher Gegend kann die Individualität leben, aber nicht mehr entstehen« (Karl Kraus). Am Ende ist der willig-stramme Nachvollzug der einzige, von dem eins glauben mag, er sei noch nicht abgefahren; dabei bedeutet, ihn zu benutzen, bloß, sich aus Angst vor dem Tod aufs Gleis zu legen.

entspannt, gefühlt

Wenn Oma die Nase juckte, griff sie hin und sagte: »Mir juckt die Nase, ich erfahr' noch was Neues«, und wem die Nase nicht juckt, der muss zur Zeitung greifen. Etwa zur verlässlichen *Süddeutschen*, in der sich das Feuilleton am 3.11.2020 über gleich zwei Tierdokumentationen beschwerte, sie seien restlos anthropomorph und -zentrisch, gehe es in beiden doch nicht mehr ums Tier, sondern um den Menschen, wie er in jenem, zwecks seelischer Gesundung, sich selbst zu erkennen glaubt.

Als sei, da sah der Kulturbericht klar, fürs Menschsein nicht wesentlich, sich vom Tier zu unterscheiden; doch der zeitgenössische »Homo nicht so sapiens« (Kay Sokolowsky), ohnehin meist gekleidet, als schlafe er im Wald, verzehrt sich danach, die Sprache der Tiere zu sprechen, weil's mit der Menschensprache eh schon hapert und Unverstand *glücklich macht*. Dem Wildtier, darf man unterstellen, ist die Anwesenheit des Nahrungskettenanführers bestenfalls so egal wie dem Krakenweibchen, das dem südafrikanischen Tierfilmer Craig Foster in der wohl höchst erfolgreichen Netflix-Doku »My Octopus Teacher« solange als Freundin, Lehrerin und Seelenverwandte erschien, bis dem Publikum, gerührt von soviel projektiver *Augenhöhe*, die Tränen kamen.

Denn die Tiere sind entspannt. Sie müssen nicht ins Büro, sie brauchen kein I-Phone, sie verpassen nie den Bus. Zwar sind sie, wie Natur generell, dem Menschen ein Freund (kleiner Scherz), doch zugleich ist er ihnen egal genug, dass er von ihnen lernen kann: Nichts tun, was man nicht unbedingt muss; seinen Instinkten vertrauen; im Einklang mit der Natur existieren; keinen Sinn suchen, den es nicht gibt. Die Ironie beginnt freilich da, wo die Erkenntnis, es sei kein Sinn, Teil jener Sinnsuche ist, die der Mensch noch als von Fußball und Amazon stillgelegter nicht so leicht unterlassen kann wie ein Kopffüßer; derselbe Mensch, der, wenn dem Augenschein zu trauen ist, eigentlich nichts dagegen hat, seinen Lebenszweck im Erwerb scheußlicher Klamotten, schrecklicher Fahrzeuge und niederschmetternder Eigenheime zu finden. »Im Einklang mit der Natur leben«, das heißt für den Dummkopf heute, windgeschützt Cabrio zu fahren und auf dem Mountainbike durch den Wald zu brettern, und wenn er abends zu Hause ist, wirft er die Glotze an und heult, weil ein anderer Dummkopf seine Minutenbegegnungen mit ein paar Pfund Haifutter auf eine Weise montiert, dass eine Spiritualerfahrung daraus wird. Um ein letztes Mal Nietzsche zu bemühen (a.a.O., 286): »Gibt es etwas Ekelhafteres, als die Sentimentalität gegen Pflanzen und Tiere, von Seiten eines Geschöpfes, das wie der wütendste Feind von Anbeginn unter ihnen gehaust hat und zuletzt bei seinen geschwächten und verstümmelten Opfern gar noch auf zärtliche Gefühle Anspruch erhebt! Vor dieser Art ›Natur‹ geziemt dem Menschen vor allem Ernst, wenn anders er ein denkender Mensch ist.«

Das wird man ausschließen müssen; und wer's alleweil entspannt sieht, der hat dann auch gefühlt recht, wie es ja eben der Instinkt ist, den man den Tieren neidet. Überhaupt spielt in der gefühllosen Gesellschaft, die nichts dabei findet, arme Kinder mit drei Euro am Tag abzuspeisen, und in der annähernd die Hälfte aller Erwachsenen Kontakt zu einem Stofftier pflegt, das Gefühl eine Hauptrolle: Wie etwas sei, ist deshalb viel weniger die Frage, als wie es sich anfühlt, denn dass es sich schlecht anfühlt, sagt noch nichts darüber, wie schlecht es objektiv ist. Dies das Geheimnis der Trash-Talkshow: Je wüster die Auftritte und je unverhohlener die Bekenntnisse, desto geringer das Mitleid und größer die Schadenfreude. Offenheit, Mitteilungsbedürfnis, *Authentizität* sind unterm »Darstellungskapitalismus« (Jürgen Roth) lediglich Teil von Vermarktung, und wer öffentlich fühlt, tut's als Ware.

Der Sieg affektiver Subjektivität erlaubt nicht nur die legendären alternativen Wahrheiten, sondern macht das Unglück zum bloß gefühlten, zur persönlichen Diagnose, die auf die Person, die sie stellt, zurückfällt. Ist Unheil etwas, wogegen sich mobilisieren ließe, ist gefühltes Unheil nur ein Fall für die psychotherapeutische Couch, auf der alle, die sich *angefasst* fühlen, zur Tiefenentspannung finden. Denn wenn nichts mehr berührt, dann fasst uns das an, und meint Gesundheit *Resilienz,* kann man sich auch zum Sterben legen.

angefasst

»[Merkel] wirkt angefasst, definitiv.«
Merkur.de

Doch vielleicht apropos: Dass sich niemand, der nicht angefasst werden will, anfassen lassen müssen soll, lassen wir gelten; und dass das Recht auf körperliche Unversehrtheit bedeutet, über diesen Körper selbst zu bestimmen, auch. Wenn aber alle nicht mehr berührt, sondern »angefasst« sind, mag der Schluss sich aufdrängen, die Metapher des Übergriffs habe ihren Ursprung darin, dass der Körper – wer mal einen Band Foucault in der Hand hatte, weiß es – so autonom sowieso nicht ist, wie es das Grundgesetz gern hätte, und dass, wo Arbeitskraft vernutzt wird, der Körper vernutzt wird, und nicht nur da. Auch der Posenzwang auf Instagram und der Perfektionsdruck zwischen Freibad und dem Lifestyle-Abteil der *Bunten* sind das genaue Gegenteil autonomer Körperlichkeit, wie der kurrente Tätowierwahn ja nichts weiter ist als der Versuch, die Haut, die man zu Markte trägt, wieder in Besitz zu nehmen, ein Versuch, der natürlich schon darum scheitert, weil er sogleich wieder Teil von Selbstdarstellung und -vermarktung, von »Individualität« wird, die allein die werbetreibende Industrie interessiert und sonst niemanden.

Die Klage, man fühle sich angefasst, auch wenn man

bloß gerührt oder traurig ist, wäre also eine verschobene und rechtfertigte ausnahmsweise den öligen Jargon aus Sozialtherapie und Psychopublizistik; wenn nicht die, die schreiben, der oder die wirke angefasst, selbst die wären, die tatschen.

Philosophie

Es ist ja gar nicht wahr, dass die Leute um ihr Leben, um ihre geistigen Möglichkeiten betrogen würden; haben sie bspw. Maschinenbau studiert und erfahren, ihre Gesprächspartnerin habe es, und nicht einmal erfolglos, mit Philosophie probiert, dann sagen sie und meinen es todernst: Eine Philosophie, die hätten sie *im Job* freilich auch.

Wikipedia hat gewiss auch eine Philosophie, aber statt der nun auf den Grund zu gehen, zitieren wir lieber, was Philosophie sei, wörtlich »Liebe zur Weisheit«: Philosophie versucht, »die Welt und die menschliche Existenz zu ergründen, zu deuten und zu verstehen«. Das kann man sicher so stehen lassen; wie auch hier sogleich deutlich würde, warum das mit der Philosophie im Maschinenbau nicht stimmen kann. Denn Maschinenbau versucht nicht, die Welt und die menschliche Existenz zu ergründen, zu deuten und zu verstehen. Maschinenbau versucht, Maschinen zu bauen.

Das ist keinesfalls wenig. Es ist nämlich schön, dass es Dinge wie Eisenbahnzüge, Kaffeevollautomaten und Abfüllstraßen für Apfelsaft gibt, und wer versteht, eine Maschine zu bauen, sollte nicht so darunter leiden, dass er darauf bestehen muss, er habe eine Philosophie, was noch in der Ingenieursnation Deutschland ein Indiz dafür sein mag, dass Befähigung unterhalb des Dr. phil. als proletarisch gilt. Freilich kommt der Quatsch aus Marketing und PR, die noch dem windigsten Finanzdienstleister eine Philosophie angedichtet haben, weil Deutschland eben nicht bloß eine Ingenieursnation ist, sondern sich als Land klassischer Bildung versteht und die alten Reflexe selbst dann noch da sind, wenn E-Mails von Wildfremden mit »Hallo« beginnen. Und Kommasetzung als Geheimwissenschaft gilt.

Doch unter der Voraussetzung, dass bei etwas so Dummem wie dem realexistierenden Spätestkapitalismus alle Liebe zur Weisheit Perlen vor die Sau wäre und der Ausgang aus selbstverschuldeter Unmündigkeit von Kai Pflaume verstellt wird, ist Philosophie besser gleich irgendwas, was sich in zwei Sätzen zusammenfassen lässt. Nämlich ca. »Immer alles geben« und »Wer zahlt, schafft an«. Das ist die Philosophie derer, die sagen, sie hätten eine. Was sie aber haben, ist bloß ein dicker Audi.

zu wollen

Manchmal will man wirklich nicht mehr, denn eigentlich ist ja nichts mehr zu wollen. Der Wille des Menschen ist zwar sein Himmelreich, aber was willst du machen? Wenn die Medialgewerbetreibenden, immer auf der Suche nach Effekt und vorgetäuschter Tiefe, plötzlich die abgründige Schönheit modaler Redundanz entdecken und von der Absicht, dem Plan, gar dem Willen, dies und das zu wollen, Mitteilung machen?

Es muss dies bereits und spätestens 2014 begonnen haben, als in der Zeitung stand (ich habe es, wie so vieles, notiert): »Einige Senatoren werden bald ihre Absicht verkünden, Präsident werden zu wollen«, und da Journalismus mindestens hälftig aus dummen Angewohnheiten besteht, die sofort und schnell die Runde machen,[7] war dann natürlich kein Halten mehr: »Am Geld kann in München all das nicht scheitern – aber sehr wohl am mangelnden Willen daran, endlich eine moderne Metropole werden zu wollen.« Vom mangelnden Willen der *Süddeutschen* daran, eine deutschsprachige Zeitung werden zu wollen, einmal abgesehen, ist die Notwendigkeit,

7 Für Schopenhauer a.a.O. war's gar »der nationale Hang, in der Litteratur jede Dummheit, wie im Leben jede Ungezogenheit, sogleich nachzuahmen, welcher durch das schnelle Umsichgreifen Beider belegt wird; während ein Engländer, bei Dem, was er schreibt, wie bei Dem, was er thut, sein eigenes Urtheil zu Rathe zieht: Dies ist im Gegenteil Niemanden weniger nachzurühmen, als dem Deutschen.«

eine werden zu müssen, noch ein vergleichsweise geringfügiger Quatsch; denn man beschließt nicht, ein Käsebrot essen zu wollen, man beschließt, ein Käsebrot zu essen, so wie man auch nicht die Absicht hat, dazu einen Kaffee trinken zu wollen, sondern die, einen zu trinken. Aber so schnell die Marotte sich verbreitet, so langsam bis gar nicht verschwindet sie wieder; ein kurzer Blick in die (auch in dieser Hinsicht kein bisschen alternative) *Taz* vom 4.11.2020: »Intern hat er [Trump] längst angekündigt, all die lästigen Behinderungen und Bedenkenträger aus dem Weg räumen zu wollen, die ihn an einem gradlinigen Kurs noch hindern. Trump pur birgt noch eine Menge Potenzial«, und *Taz* pur birgt nicht nur Potenzial, sondern sogar den Grenzfall, dass die Ankündigung, etwas zu wollen, sich gutwillig mit der Ankündigung eines Versuchs verwechseln lässt: Wenn Chinas Parteichef ankündigt, bis 2060 klimaneutral werden zu wollen, dann mag ankündigen + wollen jene Absicht ergeben, in der »zu wollen« immer schon steckt. (Sprache unterscheidet sich von Mathematik gar nicht so sagenhaft, dass es nicht ganz und gar töricht wäre, als Spracharbeiter oder -arbeiterin mit der Matheschwäche von früher zu kokettieren: Dass etwa I. Mangold es in seinem »Stammtisch«-Buch in aller Breite tut, verrät bloß die Freude am zu kurzen Sprung, die das ganze Buch so sinnlos macht.)

Dass Politik verspricht, die Steuern senken zu wollen, hat dagegen eine Pointe, denn das Versprechen zu brechen, etwas zu wollen, dünkt gleich weniger schlimm als das Versprechen, etwas zu tun, wie es Schopenhauers bekannte Überzeugung war, dass wir nicht wollen können, was wir wollen, und unser Wollen mit gutem Willen nichts zu tun hat. »Wieder einmal wird ein antisemitischer Anschlag verübt, wieder einmal wird ein Mensch in der Öffentlichkeit angegriffen, nur weil er Kippa trägt, wird ein Jude verachtet und verletzt, nur weil er Jude ist«, klagte Carolin Emcke, Exgymnasiastin, Friedenspreisträgerin des deutschen Buchhandels und um die sprachliche Schippe extra nie verlegen, im Herbst 2020. »Wieder einmal in einem Land, das in allen Staatsakten verspricht, jüdisches Leben vor Antisemitismus schützen zu wollen« – und wieder stimmt's. Denn zur deutschen Staatsräson gehört halt wirklich bloß das Versprechen, Juden schützen zu wollen, und nicht das Versprechen, es auch zu tun.

Derlei absichtsloser Erkenntnisfortschritte unbeschadet ist das dauernde »zu wollen« aber nichts als qualitätsjournalistische Angeberei, klingt es doch so schön nach Thomas Mann und jenem Stil, der in der Komplikation liegt. Thomas Mann allerdings, was immer sich gegen ihn vorbringen lässt, wusste, was eine Phrase ist, was ein Fertigteil aus der Schublade, das ohne Sinn und Zweck und allein darum Verwendung findet, die noch Dümmeren dumm zu beeindrucken. Doch hat auch diese Dummheit ihren Grund, wenn es, auch ohne Schopenhauer, mit dem, was gewollt werden kann, so gut wie vorbei ist. Schön, man kann ein Lastenfahrrad aus der Lastenfahrradmanufaktur haben wollen, und hat man 3000 Euro und sonst keine Sorgen, dann geht das auch. Aber dass alles schöner, besser und gerechter werde, das kann man nicht wollen, als Bürgerjournalistin schon darum nicht, weil das ja Sozialismus wäre. Will man es aber doch, in irgendeinem garantiert folgenlosen Leitartikel vielleicht, weiß jede, die es liest, dass es sich hierbei um eine Absichtserklärung handelt, aus der, wie gesagt, nichts folgt, und das ist auch gut so, denn würde etwas folgen, dann könnte die, die es liest, vielleicht keine teuren Quatschfahrräder mehr kaufen und dumm in der Welt herumjetten. Was also der Leitartikel will, das will er gar nicht, es sei denn, es wäre im Sinne des Kapitalinteresses, das seinen Willen aber auch ohne Leitartikel kriegt, der dann bloß noch die Aufgabe hat, dieses Interesse im Nachgang zu erklären.

Ist es wahr, dass wir, bei allen Problemchen, Faschismen und Armutsberichten, in der besten aller möglichen Welten leben; hat der britische Publizist und Poptheoretiker Mark Fisher recht, dass das Ende der Welt viel leichter vorstellbar ist als das Ende des Kapitalismus; besteht die Hoffnung für die Zukunft im wesentlichen darin, die gleichen großen Autos mit Elektroantrieb zu fahren, dann ist, was man will, entweder falsch oder sinnlos. Dann wäre der sture journalistische Doppelwille eine Art Kompensationsversuch, im besten Fall; im schlechteren ein Schwindel. Falls wir's den Kolleginnen und Kollegen nicht anrechnen wollen, dass ihre verlässlich falsche Sprache die Wahrheit sagt und der Wille und die Absicht, das Wollen zu wollen, sowohl die Totalität des Kapitalismus als auch das sinnfreie Selbstausdrucksgehuste seiner Insassen abbildet.

Und *am Ende des Tages* so schön abbildet, dass wirklich nichts mehr zu wollen ist.

perfekt

»Perfekt! Du hast die neueste Version von Firefox Browser.« Computermeldung

Es beginnt mit der hoffentlich »perfekten Geburt« (rtl.de), nach der es gilt, »den perfekten Kindernamen« (papa-online.com) zu vergeben. Die »perfekte Kita« ist, glauben wir dem zentrum-der-gesundheit.de, gefunden, »wenn die Erzieher auf die Frage nach der Dauer der Eingewöhnung sagen: ›Es dauert so lange es dauert.‹« Aber Achtung: Auch die »perfekte Raumgestaltung« (pro-kita.com) ist wichtig, nämlich für eine perfekte oder wenigstens »optimale kindliche Entwicklung«. Fangen die Kleinen zu laufen an, beginnt die (hoffentlich nicht allzu anstrengende) Suche nach »perfekten Kinderschuhen« (amazon.de); wer sie abkürzen möchte, gehe »7 einfache Schritten zum perfekten Kinderschuh für eure Kinder« (wunsch-kind.at).

Wie schnell vergehen die ersten Jahre, und nach Kinderbüchern, in denen Kühe »das perfekte Urlaubsziel« im Blick haben und Wombats »das perfekte Staubbad«, wird es Zeit für die »perfekte Schule« (welt.de): Verfügt sie über ein »perfektes Klassenzimmer« (zeit.de)? Wie ist die Mensa (»Auch Schüler wollen den perfekten Geschmack«, apetito.de)? Und hat es, am wichtigsten, »perfekte Lehrer« (ndr.de)? Nicht dass am Ende etwas oder sogar noch mehr fehlt zu einer »perfekten Kindheit« (hr-fernsehen.de); zumal wenn sich die Frage stellt: »Funktioniert perfekte Erziehung?« (medizinfuchs.de) und auch vor der musikalischen Ausbildung (»Violine – das perfekte Instrument?«, swr.de) ein furchtbar fettes Fragezeichen steht.

»Der perfekte Kindergeburtstag« (betreut.de u.v.a.m.) ist dagegen Ehrensache, aber auf die perfekte Pubertät sollte man besser nicht bauen, obwohl die immerhin »das perfekte Chaos« (praxis-ba.de) ist. Nach dem sowieso perfekten Abitur sollte »die perfekte Uni für dein Studium« (meineuni.de) gerade gut genug sein; aber vorher darf »die perfekte Auszeit« (airbnb.de) perfekt gemacht werden, um mal perfekt runterzukommen und später die »10 Kriterien für den perfekten Urlaub« (karrierebibel.de) anhand eigener Erfahrungen überprüfen zu können. »Das perfekte Date« (grazia-magazin.de, jetzt.de), besonders »das perfekte erste Date« (stylight.de) gehört in diese Lebensphase natürlich genauso wie die »perfekte WG« (wg-suche.de), zu finden natürlich mittels der »perfekten WG-Anzeige« (ebd.); und wenn jetzt noch die »4 Tipps für das perfekte WG-Leben« (zeitjung.de) beherzigt werden, wird's, soviel ist sicher, eine gute, wo nicht geradewegs perfekte Zeit. Solange der »perfekte Kühlschrank« (zwickauer-küchentreff.de) auch immer voll ist!

Aber dann, die erste »perfekte Trennung« (futter.kleinezeitung.at) ist perfekt, das »perfekte Praktikum« (karriere-guru.de) absolviert, das perfekte Examen nach der »perfekten Examensvorbereitung« (juraexamen.info) Formsache gewesen, heißt es, den perfekten Lebenslauf auch perfekt zu Papier zu bringen, also einen perfekten Lebenslauf auch zu einem perfekten Lebenslauf zu machen; damit es mit dem »perfekten Job« (123test.com) auch sicher klappt. Doch wer würde, bei all der gewissenhaften Perfektion, die wir bislang an den Tag gelegt haben, daran zweifeln! Schwieriger dagegen, aber durchaus machbar »die perfekte Ehe« (wz.de, aber auch bereits Willy Breinholst), erst recht der »perfekte Sex« (woman.at) inkl. eines »perfekten Vorspiels« (magazinamorelie.de) und, weil's sonst keinen Sinn ergibt, »perfekten Orgasmus« (Buch von Lou Paget, u.a. thalia.de). Dies alles, versteht sich, in einem »perfekten Bett« (derschlafraum.de) im wiederum »perfekten Schlafzimmer« (welt.de) in einem zweifellos »perfekten Haus« (immobilienscout24.de) samt »perfektem Wohnklima« (meinbau.com), »perfekter Küche« (homify.de, bauratgeberdeutschland.de) und »perfektem Bad« (swrfernsehen.de), so wichtig wie »der perfekte Rasen« (mein-schoenergarten.de) im rundheraus »perfekten Garten« (elle.de, gartenbob.de) – denn irgendwo muss er ja hin, »der perfekte Grill« (chefkoch.de)! Wo dann »das perfekte Steak« (gourmetfleisch.de, menshealth.de, essen-und-trinken.de) auf jeden Fall gelingt, ja gelingen muss!

So schreitet unser Leben hin und fort, und natürlich sind wir auch »perfekt versichert« (inpunkto.ag), so dass im Fall der Fälle sowohl der »perfekte Zahnersatz« (fuersie.de) als auch die »perfekte Unterbringung im Krankenhaus« (krankenhauszusatzversicherung.de) gewährleistet sind; bevor es dann ins »perfekte Altersheim« (lebensfreude50.de) geht und die »perfekt geplante Beisetzung« (afilio.de, wenn auch mit Fragezeichen) den perfekten Abschluss eines perfekten Lebens bietet.

Netto vier Wochen, vertraute der 75jährige Goethe seinem Eckermann an, habe er das Leben allenfalls genossen, sonst sei es Mühe und Ärger gewesen. Armer, armer Kerl.

Trump-Sohn

Keine Ausnahme ohne Regel, und wenn ein Sohn Donald Trumps sich vor Kameras stellt und fordert, eine laufende Stimmauszählung zu beenden, damit sein Vater eine Wahl gewinne, die er verloren hat, dann ist es, was mich betrifft, nur recht, in ihm einen Trump-Sohn zu sehen und ihn auch so zu nennen; dann hat er es, nach Jahrzehnten, zu nichts weiter gebracht. Er ist ein Trump-Sohn und bleibt ein Trump-Sohn, nichts zu machen.

In allen anderen Fällen ist die wiederum unausrottbare Angewohnheit des Eigennamen-Kompositums der sichtbare Sieg des Journalismus über den Menschen, der Schlagzeile über den Vorgang, der Gleichschaltung über das Verhältnis, des Lauts über die Sprache; der »Steinmeier-Äußerung« (n-tv) über einen Satz des Bundespräsidenten und der »Obama-Memoiren« *(Bayerischer Rundfunk, Westdeutsche Allgemeine Zeitung, Welt)* über die Erinnerungen des Kollegen a. D.

Dass die Angewohnheit mal eine des Boulevards war, macht sie nicht besser. Und sich über Populismus im US-amerikanischen Wahlkampf zu beschweren, selbst aber wie *Bild* zu grunzen (und sie tun es praktisch alle, von *FAZ* bis *Tagesschau*), wäre ein etwas weniger grober Widerspruch, wenn das Richtige und das Falsche, das Wahre und das Unwahre nicht so eng beieinander lägen, ja: wenn es nicht so lächerlich leicht wäre, sich die Simpelei wieder abzugewöhnen. »Die Diskussion um die Nachfolge Merkels« statt »Die Diskussion um die Merkel-Nachfolge«: kein Zeichen mehr, aber eine Parole weniger. Wenn ich das, als unwürdigster aller Kraus-Adepten, einmal vorschlagen darf.

Geld in die Hand nehmen

Auch schon wieder interessant: dass in Zeiten, da in manchen Ländern Bargeld schon gar keine Rolle mehr spielt und auch beim deutschen Bäcker zwei Brötchen mit Kärtchen zu zahlen unter Viralbedingungen normal geworden ist, alle immer Geld in die Hand nehmen wollen; oder wenigstens finden, dass andere Geld in die Hand nehmen müssten. Und zwar sogar Großbeträge; denn wenn Berlin Geld in die Hand nehmen soll, dann ja zur Stützung des Rentenbeitrags oder zur Förderung von Windstrom, und soviel bares Geld nimmt sowenig wer in die Hand, wie es beim Online-Shopping jemand tut.

Sicher ließe sich, wenn diese oder jene Stiftung Geld für ein Stipendium in die Hand nähme, ermitteln, wann die Phrase Einzug gehalten hat, wann also der Meinungsartikel begann, nicht mehr füglich Finanzierung zu fordern, sondern das In-die-Hand-Nehmen von Bargeld, derart auf bewährte Weise die lesende und hörende Bevölkerung zum Nachplappern anzustacheln; für die mildernd vielleicht spricht, dass die Lust an der griffigen Metapher erst einmal nichts Verächtliches ist. Metaphern, Sprachbilder verlebendigen Sprache, und aus »Da werde ich einen Kredit brauchen« griffig »Da werde ich ganz schön Geld in die Hand nehmen müssen« zu machen war solange angängig, wie nicht alle plötzlich Geld in die Hände nahmen, so oft und stur und immerzu, dass wir noch als Pazifisten und ehemalige Zivildienstleistende schreien möchten: »Gleich schlag ich dir's aus der Hand, dein scheiß Geld!« Denn Originalität hat eine Halbwertszeit, und nicht mal eine lange, und Dinge nicht mehr hören zu können ist derart menschlich, dass es verwundern darf, dass trotzdem alle ständig Sachen sagen, die zumal ich nicht mehr hören kann.

Da hilft es wenig, dass die Gründe naheliegen, wenn an jeder Ecke Manufakturen sitzen und eine Jeans nur dann etwas gilt, wenn sie auf mindestens hundertjährigen Webstühlen gefertigt worden ist. (Für diese Jeans will dann auch ordentlich Geld in die Hand genommen werden.) Dass alles ferngerückt sei und sich dem Zugriff entziehe, ist hier bereits vermutet worden; und wenn aus diesem Grund niemand mehr Dinge begreifen will, dann will er sie eben in die Hand nehmen.

Vielleicht am allerwenigsten zu fassen ist Geld, und zwar nicht obwohl, sondern weil es die Welt so absolut regiert. Geld, das sich in die Hand nehmen lässt, ist dagegen Geld für Leute, die gern in den Baumarkt gehen, die also generell die Dinge gern in die Hand nehmen und in der Hand behalten, mindestens die zwischen Badezimmer und Gartenhäuschen. Geld, das man in die Hand nehmen kann, ist nämlich anderes Geld als das der Finanzdienstleister, Hedgefonds und Spekulantinnen. Es gibt ja das sog. Buchgeld, das nicht real, sondern nur in Bilanzen existiert, und wer aber will, dass die da oben Geld in die Hand nehmen, der möchte, dass davon was Sichtbares entstehe, etwas, was man benutzen kann, ein Kindergarten, eine Bushaltestelle, derlei.

Gleichzeitig ist der Baumarkt aber auch ein Ablenkungsmanöver: Die Leute, denen man beigebracht hat, ihr Ding zu machen und das immer wieder nächste *Projekt* anzugehen, sollen, während sie ihre private Welt bauen, vergessen, dass »eine neue Welt errichten« einmal etwas ganz anderes bedeutet hat und, trotz allem, auch wieder bedeuten könnte. Es hatte ja seine tiefe ironische Wahrheit, dass der ältere Baumarktslogan »Geht nicht gibt's nicht« mit einem Komma versehen war, das ihn in sein glattes Gegenteil verkehrte: Geht nicht, gibt's nicht. Das Versprechen, alles sei in Eigenregie möglich, bedeutet zugleich, dass eigentlich nichts möglich ist und es auf dich und mich zuallerletzt ankommt. Das Mantra, es müsse bloß Geld in die Hand genommen werden, verschweißt die Macht mit der Ohnmacht: Denn eine Welt, die darauf beruht, dass mit Geld alles möglich ist, ist eine der realen Unmöglichkeiten für die allermeisten, die nämlich keins haben.

Gegen diese Einsicht muss Ideologie einwenden, man brauche das Geld nur in die Hand zu nehmen, als läge es wirklich auf der Straße und warte darauf, dass es diejenige aufhebt, die weiß, dass man sein Glück machen, nämlich selbst in die Hand nehmen muss. Der Imperativ »Nimm Geld in die Hand!« ist der Investitionsbefehl, der auch denen einleuchten soll, die Tag für Tag den Akkuschrauber in die Hand nehmen, und bedient zugleich die Vorstellung, dass zwischen Bank und Bauarbeiter soviel Unterschied nicht sei, wenn sie doch beide an- und zupacken und abends Schwielen an den Händen haben, ob nun vom Geld oder vom Kantholz.

Dies alles freilich zu dem Zweck, dass die mit dem Kantholz die Sache eben nicht in die Hand nehmen dürfen, und wer das bisschen Geld in die Hand genommen hat, um dieses Buch zu kaufen, der kriegt jetzt einen zwar holprigen, aber doch brauchbaren Merkvers: Sprachkritik ist Ideologiekritik; alles andere ist Bastian Sick. (Sic!)

Kids, Jungs, Mädels

»Und sie werden nicht mehr frei ihr ganzes Leben.«
Adolf Hitler

Dieses Buch hätte auch den Titel »Why …?« tragen können, was gleich die Frage des Titelentwurfs geklärt hätte: der Autor, von Phrasensalven niedergestreckt … Aber erstens ist das geschmacklos, und zweitens heißt das Buch ja nun, wie es heißt, und das ist, um das Präludium gekonnt mit einer Phrase zu beschließen, auch gut so.

Und aber trotzdem: Why? Warum können Kinder nicht einfach »Kinder« heißen? Warum heißen sie allerorts Kurze, Zwerge, Halbe, Kids? Sogar in einem hochseriösen Qualitätsinterview, in dem der Leiter einer Solinger Gesamtschule mit dem Vorwurf konfrontiert wird, seine »Idee, wegen Corona eine Hälfte der Schüler zu Hause am Tablet zu unterrichten, benachteilige vor allem Kids aus sozial schwachen Verhältnissen« (*SZ*, 7.11.2020)? Muss das sein? Muss es sein, weil, wer nicht anlassübergreifend unter Beweis stellt, dass er flott zu reden versteht, kein flotter Typ ist? Weil Originalität und Kreativität zu einem solchen Diktat geworden sind, dass keine Gelegenheit, die eigene Überlegenheit, das eigene Spezialbewusstsein unter Beweis zu stellen, am Wegesrand liegenbleiben darf? Gibt es darum Bücher, die »Ozeane für clevere Kids« annoncieren (als sähen die Ozeane nicht längst viel zu sehr nach menschlicher Cleverness aus), und heißen Kindertagesstätten, die vielleicht in der Müllerstraße liegen, deshalb nicht Kindertagesstätte Müllerstraße, sondern »Kindertagesstätte *Die Rotznasen*«? Möchte, wer Kinder Kids nennt, selbst noch mal Kid sein und versucht, weil das freilich nicht geht, wenigstens so zu klingen? Wo er ja auch, wir hatten das, bis ins hohe Alter Levi's und Sneaker trägt? Ist krampfiges Juvenildeutsch aber nicht schlicht anbiedernd? Und sind, schlimmer, Kids nicht genau die, für die das Kaufhaus eine eigene Abteilung hat?

Wir wollen es mit Adorno nicht übertreiben, aber ohne diese Sätze aus den »Minima Moralia« geht es an dieser Stelle nicht: »Nur, was sie nicht erst zu verstehen brauchen, gilt ihnen für verständlich; nur das in Wahrheit Entfremdete, das vom Kommerz geprägte Wort berührt sie als vertraut. Weniges trägt so sehr zur Demoralisierung der Intellektuellen bei.« Die es u.U. krank macht, mit welcher Selbstverständlichkeit die Sprache der Reklame übernommen wird, die nicht von guter Kinderkleidung, sondern »coolen Klamotten für coole Kids« spricht; so wie sie auch Spezial-Kartoffelchips für den »Mädelsabend« erfunden hat. Denn wo ehedem aus Kindern Leute wurden, werden heute aus Kids Mädels; oder Jungs.

Der Plural »Jungen« ist nicht mehr zu retten, das ist gelaufen; zu kurz ist der Weg zum kumpelhaft-jovialen »Jungs«: den Jungs vom Bolzplatz, von der Baustelle/Bundeswehr oder denen, die, spielen sie Fußball, als »Jogis Jungs« Schlagzeilen hergeben. Und unterm Ungezwungenheitsdauerfeuer zwischen Frühstücksfernsehen, Formatradio und Fußballbericht und weil »das Bequeme [...] in unseren Zeiten das Elegante ersetzt« (Elke Heidenreich, wo sie recht hat, hat eben auch die recht) wäre es geradezu inkonsequent, die eigenen Töchter nicht zu Mädels zu machen, Mädels, die keine Frauen werden, sondern immer Mädels bleiben, alterslose Konsumwesen und Klischeefiguren, die beim Mädelsabend so sicher »Bridget Jones« gucken wie die Jungs beim Jungsabend Fußball. Für die werbetreibende Industrie ist das dann auch gleich viel übersichtlicher.

Jungen, das waren bloß die mit dem Pullermann; Jungs, das sind schon die Kerle von später, die Jungs mit den Bärten und den Bildern auf dem Bizeps. Jungs sind die, die immer Jungs bleiben, sich mit den anderen Jungs zum Profigrillen treffen und sich für Autos, Dry Aged Beef oder Technikspielzeug interessieren. Jungen waren mal groß oder klein, dick oder dünn, forsch oder schüchtern; Jungs dagegen sind stramm, froh und zupackend und müssen, wenn sie dann einmal Neue Väter sind, ihre Zuwendung gleich als *Bespaßung* in instrumentell lockeres Jungsvokabular packen. Mädels und Jungs sind immer jung, und wenn sich die Jungs mit Mitte Vierzig ihre Basecaps verkehrt herum aufsetzen, dann sind sie die Jungs geblieben, die Herrschaft gut gebrauchen kann. »Jungs und Mädels protestieren gegen gesellschaftliches Unrecht«, das ist Wittgensteinscher Unsinn, denn Jungs und Mädels gehen shoppen, sind gut drauf und machen jeden Scheiß mit.

Und dass ich ihn eben ebenfalls mitmachen muss, das darf mir doch, bitte sehr, die Moral verhageln.

nice, yes

»Also wenn Vati loslegt,
Dann bringt er so seine Argumente.«
Degenhardt

Andererseits soll man sich über den alten Menschheitstraum der Unsterblichkeit auch nicht lustig machen. Wer will schon sterben? Und wer will, geht er stramm auf die Achtzig zu, nicht wie Mitte Sechzig aussehen, so wie es meiner Tante Christel gelingt? Selbst wer auf die Unsterblichkeit keinen Wert legt, weil's erstens auf die Dauer langweilig ist und man nicht noch mehr Internet erleben muss als jetzt schon, möchte vielleicht sterben, so wie Udo Jürgens gestorben ist, der mit achtzig einfach umfiel und dabei wie siebzig aussah. Warum nicht?

Also könnte man auch einfach »nice« sagen, wenn einem etwas gut gefällt, so wie nice im Englischen sowohl nett als auch hübsch, angenehm und sogar *lecker* bedeuten kann. Gleichzeitig erwiese man seine Weltläufigkeit, wie es natürlich überhaupt kein Zufall war, dass die beiden *Mädels*, die im Biergarten eine Bank weiter saßen und deren Gespräch, es ging um Professoren und Praktika, so gut wie ausschließlich aus den Bausteinen voll, total, krass und eben nice bestand, Studentinnen der Touristik waren.

Doch, nice, warum nicht. Wer in der Schlange vorm

Hipster-Eisladen steht und in sein Telefon quatscht, findet Dinge schließlich hörbar nice, wer sein Eis im Honkladen drei Straßen weiter kauft, nicht, was auch daran liegen mag, dass sich hier meist keine Schlange bildet, während die regelmäßige Schlange vorm Bioeis-Treff zum Distinktionserlebnis so dazugehört wie das Personal, das Kinder wie Störenfriede behandelt. Was haben Kinder schließlich auch in einer Eisdiele verloren!

Also, nice. Ein Wort für viele Gelegenheiten, und nicht wollen wir uns beschweren, dass der Mensch ja immer schon und nach Kräften versucht hat, sich das Leben leichter zu machen. »Nice« ist vielleicht sogar so etwas wie eine Lebenseinstellung: dass alles irgendwie gut und schön ist, kalifornisch geradezu, wie ja schön und gut seit der Romantik auch irgendwie zusammenhängen (»Beauty is truth, truth beauty«, Keats) und Kalifornien mindestens klimatisch immer näher rückt; vgl. hierzu The Mamas & The Papas, 1965: »All the leaves are brown / And the sky is gray / I've been for a walk / On a winter's day / I'd be safe and warm / If I was in L.A. / California dreamin' / On such a winter's day«

– nice, das heißt, wir sind sicher, und uns ist warm, und weil wir für hygge noch zu jung sind und/oder zu wenig Geld haben, ist nice die frohe Formel dafür, dass es läuft und passt und jemand liefert, und überdies heißt es, dass wir selbst liefern und passen und wissen, was läuft und geht und überhaupt. Nice bedeutet, wir sind auch als nominell Erwachsene dabei und fragen nicht, wenn die je neuste heißeste Scheiße den Wortvorrat erweitert bzw. reduziert und noch älteste Trakl-Zeilen aufzumotzen imstande ist: »Gewaltig endet so das Jahr / Mit goldnem Wein und Frucht der Gärten. / Rund schweigen Wälder wunderbar / Und sind des Einsamen Gefährten. // Da sagt der Landmann: Es ist nice« und sagt, als moderner, vermutlich auch »yes«, aber wer yes sagt, sagt nicht unbedingt nice. Warum das so ist, soll jetzt bitte einmal die Sprachsoziologie klären; uns genüge die Feststellung, dass sich auch beim yes-Sagen der stramme Wille zur Zeitgenossenschaft mit als ewiger Lockerheit verkleideter Affirmation verbindet, und wenn wir den Gerichtsvollzieher fragen, ob wir nun geräumt würden, dann sagt er nicht mehr alt und deutsch und amtlich: Jawohl, sondern hoffentlich: Yes. Und wer wären wir, nicht zuzugeben, dass das doch gleich viel nicer klingt?

Nachschrift: Die deutsche Ausgabe der Zeitschrift *GQ*, mit vollem Titel *GQ Germany*, verspricht im November 2020 auf dem Titel ein »Business Special« mit »108 Business Watches«, »5 Leadership Lessons« sowie allem über »Fantastic Bosses« und »Office Looks«. Plus: »Plus: Oliver Kahn im Business Talk«. – Die Beschwerde übers sog. Denglische überlassen wir zwar gern den nationalbewussten Schrottschädeln; »jedoch immerhin« (Ödön v. Horváth).

erfolgreich

Wie lange ist die besorgte E-Mail an den Verleger her des Inhalts, das Buch bzw. eher ja Büchlein werde nicht dick genug, um repräsentativ im Bücherschrank zu prangen, ja um überhaupt als Buch und nicht etwa Flugschrift durchzugehen? Es gebe nämlich viele Schrott- und Kotwörter, aber am Ende nicht in ausreichender Zahl?

Auch hier hilft das Internet, in dem man ja, wie alle anderen auch, gern dies bestellt und das bestellt, und um, was man bestellt, zu finanzieren, stellt man irgendwelchen Plunder bei den Ebay-Kleinanzeigen ein, und schon hat das Buch eine Seite mehr: »Ihre Bestellung wurde erfolgreich ausgeführt«, ja: »Ihre Anzeige wurde erfolgreich veröffentlicht.« Und was sagt meine Bank, die ja auch online immer das letzte Wort hat? »Sie wurden vom System erfolgreich abgemeldet.« (Kein Wunder, bin ja auch systemkritisch, hahahaha!)

Jedenfalls nicht leicht zu entscheiden, ob die Freude darüber, wie vorbildlich man hier noch gesiezt wird, den redundanten Zimt mit »erfolgreich« aufwiegt, nur weil Erfolg derart alles ist, dass es sich kaum jemand noch angelegen sein lässt, uns über den Erfolgreichtum seines Handelns im unklaren zu lassen. Womöglich ist dies aber schon auf eine so schön blöde Art sprachvergessen, dass wir dem Usus unsere Anerkennung nicht verweigern wollen und ihm allenfalls vorhalten, noch nicht im Mündlichen angekommen zu sein: »Ihr Fahrrad ist erfolgreich repariert« wäre ein Anruf, nach dem dann hoffentlich alles erfolgreich zusammenbricht.

Chaos

»Chaos« ist ein klassisches Krawall-Pressewort, und leider muss das Divis an diese Stelle und kann sich unser Hochqualitätsjournalismus nicht mehr darauf hinausreden, Krawallpresse-Wörter seien nicht die seinen. Dass die Rede vom Chaos so beliebt ist, hat aber einen Grund, der über den öden der Aufmerksamkeitsbeschaffung hinausreicht, denn nichts fürchtet der zumal deutsche Bürger, die zumal deutsche Bürgerin so sehr wie Chaos, und wer also von Chaos schreibt, auch wenn es sich nur darum handelt, dass sechzehn deutsche Bundesländer zunächst sechzehnmal anders auf die Corona-Pandemie reagieren – es liegt dies in der Natur der Sache, die da Föderalismus heißt –, der rührt an eine wenigstens deutsche Urangst; und rührt ggf. nicht ohne Absicht. Denn wenn die Leute sich fürchten, steht ihnen die Zeitung bei, dieselbe, die stets an der Seite jener Ordnung steht, die den Leuten in ihrer Furcht natürlich sowieso beisteht. Das Gegenteil von Chaos ist nämlich der Kosmos, das »geordnete Universum« (Wikipedia), dem sich zu fügen also die beste Versicherung wider das Chaos ist.

Chaos im Sinne eines deutschen Zeitungsberichts bedeutet also, dass, mit Tim Wolff im *Neuen Deutschland* (20.6.2020), »gleich mehrere fiktive Bedrohungen imaginiert« werden, »die die Realität umkehren: die des rechtschaffenen, braven Bürgers, der durch Unordnung bedroht sei (weswegen bei berechtigtem Protest medial von ›Chaos‹ die Rede ist; Chaos herrscht, wenn der Subalterne nicht mehr spurt). Und die Bedrohung der Polizei durch immer nur schlimmer werdende Kriminalität, die jede Erweiterung von Befugnissen der Polizei rechtfertigt.« So herrscht nicht nur bei der Bahn ständig Chaos und wenn bei Aldi Laptop-Tag ist, sondern sowieso auch, wenn jemand streikt (und sie im Fernsehen und im Meinungsartikel beharrlich dumm fragen, ob das denn sein müsse, einen Arbeitskampf auf dem Rücken Unbeteiligter auszutragen – als ob ein Streik nicht wesensmäßig Erpressung wäre, genauer: die Umkehrung jener Erpressung, die Lohnarbeit ist). Und selbst in Rechnung gestellt, dass die Empfindlichkeit für Malaisen nicht pauschal am Alltag im Slum von Lagos gemessen werden kann, darf man ruhig trotzdem versuchen, sich unter Chaos etwas anderes vorzustellen als einen verstopften Bahnsteig. Nämlich, nur zum Beispiel, den Zusammenbruch des gewohnten Alltags (und grad darum ist ja »Chaos bei der Bahn« ein Unsinn!), Not, Mord und Totschlag in und nach Krieg und Bürgerkrieg; Menschen auf der Flucht vor geschlossenen Grenzen, weinende, frierende Kinder, eine Toilette für tausend in einem Lager Gestrandete; ein Leben, das den gewohnten Regeln nicht mehr folgt, sondern allenfalls denen des Naturzustands.

Wer also leichtfertig (oder in bewusstloser Berechnung, das gibt's im Journalismus, ja macht ihn sogar aus) das Chaos beschwört, beschwört nicht nur die Ordnung, sondern relativiert das Chaos andernorts; ein Chaos, das mit der Welt-Ordnung dann auch sowenig zu tun haben muss wie ein Ersatzzug auf der Strecke Hannover–Wuppertal: Ärgerlich; aber mach was dran.

maximal, absolut

Mein Vater war ein wohlhabender Mann, und trotzdem kaufte er sich erst mit fünfzig seinen ersten Mercedes; und dann auch noch den kleinsten, einen Mercedes 190, den sie damals »Baby-Benz« nannten, obwohl er natürlich automobile Mittelklasse war. Man sieht diese zwar kantigen, aber erfreulich freundlich dreinschauenden, sehr modesten Fahrzeuge immer noch, und als in meiner Straße einer parkte und meiner sentimentalen Neugier sicher sein konnte, stand hinter ihm ein neuer Renault Clio, ein nomineller Kleinwagen, der als Zweitgefährt angeschafft wird oder für die Stadt oder für die Single-Frau, die nicht mehr Wagen braucht.

Der Clio war das größere Auto.

Es ist sicher verkehrt, den sog. rheinischen Kapitalismus zu verklären; aber damals lautete der selbsterteilte Auftrag von Mercedes-Benz, Autos »in Rufweite der Mode« zu bauen, und der Slogan der Marke mit dem Stern war: »Ihr guter Stern auf allen Straßen.« Heute baut Mercedes (und nicht nur Mercedes) groteske Panzer für Halbstarke aller Altersstufen, denn das ist die Mode, und sie ruft nicht mehr, sie schreit. Der Slogan passt dazu: »Das Beste oder nichts.«

Es soll uns wiederum nicht wundern, dass es den heutigen Wagen ums allzeit Maximale geht, denn maximale Leistungsbereitschaft wird ja auch denen abverlangt, die diese Wagen fahren, und weil unsere Leistungsträger und -trägerinnen die Zeitungen und Zeitschriften lesen, in denen die Hersteller ihre Anzeigen schalten, ist auch im redaktionellen Teil und darüber hinaus zuletzt alles maximal geworden: maximal leicht oder maximal schwer, maximal kompliziert oder maximal nachvollziehbar (eben gegoogelt, immerhin 76 Treffer). Das ist dann so maximal zeitgenössisch wie das Gebell beim Sportbericht, wo sie, auf beiden Seiten des Mikrofons, statt »Ja« meist »Absolut!« sagen, sogar gern zweimal: »Absolut! Absolut!« (Der Ko-Kommentator Scholl dagegen zu seiner Zeit phraste nicht. Er stammelte manchmal, suchte nach Worten; aber das war allemal und absolut besser, als die mausetoten immer schon bereit zu haben.)

Da ist die Freude maximal, denn dafür haben wir schließlich Konsumokratie, dass wir Anspruch nur aufs Allerbeste, aufs sozusagen Absolute haben; und kriegen wir das nicht, sind wir, und sehr zu Recht!, absolut und maximal (früher: voll und total) sauer: null von fünf Sternen! Ein Urteil, vor dem sich Mercedes-Benz (»Ihre Ansprüche sind der Maßstab«) freilich nicht fürchten muss, bietet die traditionsreiche Marke doch, wie eine Blitzrecherche verrät, mit dem »KEYLESS-GO Komfort-Paket« nicht weniger als »maximalen Komfort für Ihren automobilen Alltag: Mit dem KEYLESS-GO Komfort-Paket können Sie Ihr Fahrzeug starten und verriegeln, indem Sie Ihren Schlüssel schlicht und einfach bei sich tragen. Die Funktion HANDS-FREE ACCESS ermöglicht ein berührungsloses und vollautomatisches Öffnen und Schließen der Gepäckraumklappe.«

Nicht dass wir maximalen SUV-Knallköpfe am Ende was begreifen müssten.

Nachschrift: Ein Besuch auf der Internetseite von Mercedes macht nicht nur mit beinahe durch die Bank grässlichen Automobilen bekannt, sondern gewährt auch einen

Einblick in die Psychopathologie zeitgenössischen Kraftfahrzeugwesens. Die A-Klasse etwa ist »So wie du«, nämlich sportiv angezogen und rücksichtslos auf der Überholspur unterwegs, ein sog. »CLA-Coupé« empfiehlt (und schreibt das Du jetzt versal): »Folge Deinen Regeln.« Und nicht etwa dem, was eine Regel in der Regel zur Regel macht, dass sie nämlich auch von anderen akzeptiert wird. Im CLA-Coupé würde man also zu ca. Trump; während »der GLE« schließlich, noch als Sport-Utilitäts-Vehikel »intelligenter, aufmerksamer und rücksichtsvoller denn je«, ein »Ausdruck innerer Stärke« sein will. Angesichts der Größe des Fahrzeugs fällt der Verdacht uns Küchenpsychologen aber wie Schuppen aus den Haaren: Im Gegenteil. Ganz im Gegenteil.

sensationell, mega

»So viele Fragen.«
Brecht

Wer bis hierhin durchgehalten hat, wird jetzt hoffentlich denken: Sensationelles Buch! Denkt er oder sie es nicht, dann vielleicht: Das liegt jetzt aber alles ganz schön nah beieinander, dramatisch, maximal, sensationell; gell! Geht's denn da nicht um ein und dieselbe Kräh- und Reklamegesinnung? Und ist »sensationell« im Alltag nicht ein umgekehrter Ersatz fürs eher medial beheimatete »dramatisch«? Umgekehrt deshalb, weil die Zeitung an schlimmen, der Privatmensch aber an schönen Schlagzeilen interessiert ist? Was aber leider nicht heißt, dass nicht auch die Zeitung an positiver Sensation ein Interesse hat? Und hat der Autor nicht bereits früher schon den Satz der *FAZ* notiert, wonach die Schauspielerin Felicitas Woll in irgendeinem Filmstück »eine Sensation« war? Und apropos: Was macht die Sensation Woll heute? Ist es angängig, eine Sensation so schnell zu vergessen, wie man sie behauptet hat? Aber sind 15 Jahre, so alt ist die Notiz, denn »schnell«? Und ist es, schon wieder apropos, nicht ebenfalls eine oder sogar die eigentliche Sensation, dass die Vorabendfernsehserie »Die Rosenheim-Cops« in der sage und schreibe 19. (!) Staffel angelangt ist, deren zweite Folge folgerichtig »Eine sensationelle Entdeckung« heißt?

Ist es also, um im anschwellenden Fragestrom den Kopf über Wasser zu halten, tatsächlich sensationell, jetzt auch noch auf der verwandten Vorsilbe »mega« herumzureiten? Die Erwachsene klingen lässt wie Kinder im Schokoladenladen, aber Kinder, deren intellektuelle Referenz der Media-Markt ist? Erwachsene also, die, möglich wär's, seit 18 Jahren »Rosenheim-Cops« gucken, aber natürlich auch Netflix, weshalb am 2.11.2020 aufgehorcht werden musste: »Gute Nachrichten für ›You‹-Fans: Staffel 3 des Netflix-Mega-Hits kommt tatsächlich« (filmstarts.de)? Und sind diese Erwachsenen, es kommt im Büchlein langsam eins zum andern, nicht eben naturgemäß jene You-Fans, um die es oben gegangen ist?

Und noch mal apropos: Stimmt es, was C. Pollmer, ein Fan des DDR-Liedermachers Gundermann, am 7.11. 2020 in die *SZ* gepinselt hat: »So wahr es ist, dass Gerhard Gundermann kein schuld- und fehlerfreies Leben führte, so sensationell stehen nicht wenige seiner Texte heute in der Zeit«? Bzw. ist es tatsächlich eine Sensation, dass ein Liedtext nach zwei, fünf oder dreißig Jahren noch in der Zeit steht? Steht nicht sogar »Am Brunnen vor dem Tore« noch in der Zeit? Ist es nicht immer dann Kunst, wenn die Zeit keine Chance hat? Und hat »sensationell« hier also nicht längst die Funktion eines Füllworts, das das unstillbare Bedürfnis nach immer noch einem Blend- und Knalleffekt bedient? Einem Knalleffekt, der womöglich auch bedeutet, dass sie alle, alle einen Knall haben?

So könnte eins fragen. Die Einschätzung, es handele sich bis hierhin um ein sensationelles Büchlein, wird aber gleichwohl gern akzeptiert.

Kiga, kreieren

Früher hießen Hobbys »Liebhabereien«, und beides ist Eselei. Ohne Liebhaberei hat man ein Spotify-Abo oder einen CD-Spieler und hört Musik, mit Hobby hat man Probleme bei der Tonabnehmerverkabelung und möchte die ganzen Mistkabel samt Plattenspieler wegwerfen.

Ohne den dummen Plattenspieler hätte ich aber nicht Prefab Sprouts »Protest Songs« (1985/89) in der Hand gehabt, und mir würde heute die Zeile: »Darling, it's a world of surprises« fehlen, die gut zu einem ganz anderen Hörerlebnis passt: als sich nämlich die Kleinfamilie, die mich an der Fußgängerampel überholte, darauf verständigte, noch auf den »Spieli« zu gehen. Gemeint: Spielplatz.

Man bekommt, wusste Pippi Langstrumpf, viel zu hören, ehe einem die Ohren abfallen, und meine sind noch dran, denn das war mir neu: Spieli, und sofort die Frage, warum Spieli und Kiga (für Kindergarten) Infamien sind, Kita aber in Ordnung geht. Ein Versuch: »Kita« macht die Kindertagesstätte noch einmal freundlicher, Spieli und Kiga machen aus den bereits semantisch wunderschönen, darin unverbesserbaren Angelegenheiten Spielplatz und Kindergarten etwas für Kaputniks, Infantile und Fans der angewandten Opdenhövelistik. »Bettelarm«, schrieb Victor Klemperer, sei die Sprache des Dritten Reiches, aber auch im demokratisch totalen Heute waltet nicht eben Überfluss, wenn's nachm Kiga aufn Spieli geht,[8] und wenn nun eine (bevor sie die Orga fürs Klassentreffen stemmt) sagt, Moment, das ist bloß Sprache in Bewegung, sage ich: Nee, das ist die Sprache *der* Bewegung.

Ist, LOL, natürlich nur ein (guter) Witz; ist evtl. auch keiner, wie sich Klemperers »Lingua Tertii Imperii« entnehmen lässt:

> »Frage ich mich nun, ob und weshalb das Kurzwort unter die hervorstechenden Charakteristika der LTI gerechnet werden muß, so ist die Antwort klar. Kein vorhergehender Sprachstil macht einen so exorbitanten Gebrauch von dieser Form wie das Hitlerdeutsch. Das moderne Kurzwort stellt sich überall dort ein, wo technisiert und wo organisiert wird. Und seinem Anspruch auf Totalität gemäß technisiert und organisiert der Nazismus eben alles. Daher die unübersehbare Masse seiner Abbreviaturen. Weil er sich aber aus dem gleichen Totalitätsanspruch heraus auch des gesamten Innenlebens zu bemächtigen sucht, weil er Religion sein will und überall das Hakenkreuz aufpflanzt, so ist auch jedes seiner Kurzwörter dem alten christlichen ›Fisch‹ verwandt [im Griechischen ›Ichthys‹, ein Akronym für ›Jesus Christus, der Sohn Gottes, der Erlöser‹]: Kradschütze oder Mannschaft am MG, Glied der HJ oder der DAF – man ist immer ›verschworene Gemeinschaft‹.«

8 Und später gibt's ein Eisi (= Eis), selbst gehört am 28.12.2020 gegen 17.30 Uhr vor der Hipstereisdiele: »Esst erst eure Eisis, bevor ihr Fahrrad fahrt!« Die Kinder dieser Mütter reden vermutlich erwachsener; jedenfalls noch.

Und das ist gottlob lange her, denn Totalität heute ist die große Freiheit des sog. Individuums und Gesellschaft die Gemeinschaft der einzelnen in einer konkurrenzgläubigen, auf ihre Weise religiösen Welt, die sich mit Totalitätsanspruch des gesamten Innenlebens bemächtigt. Denn glauben wir etwa nicht an das Tina-Prinzip: *there is no alternative*, und ist das denn etwas anderes als das erste Gebot: Du sollst keine anderen Götter haben neben mir? Auch wenn der Unterschied zwischen den bürokratisch-gemeinschaftsstiftenden Abbreviaturen, wie sie ja auch der Realsozialismus kannte, und den Kürzeln im Spätkapitalismus darin besteht, dass diese nicht nur sein Infantiles mitteilen, sondern von seinen Untertanen auch in gewünschter Autonomie selbst geschaffen, nämlich geradezu kreiert werden?

Kreativ sind ja heute alle, und das bedeutet nicht bloß, dass es schon Kindern zur Unehre gereicht, wenn sie nicht dauernd kreativ und phantasievoll sind, denn nur wer kreativ ist, wird nicht Bauarbeiter oder Krankenschwester. Kreativ müssen im neoliberalen »Almosenstaat« (Heribert Prantl) alle ständig sein, erstens um den Standort mit Innovationen zu füttern, zweitens um sich im Notfall selbst zu füttern: Kreativ sein heißt, dass man sich zu helfen weiß, und das muss man da, wo einem sonst niemand hilft.

Wiederum konsequent, dass das zum Blindwort erster Klasse gewordene »kreieren« über die Sportberichterstattung in den Alltag gefunden hat, denn auf dem Platz gilt es, über die Chancengesellschaft sogar noch hinausweisend, Chancen nicht nur zu nutzen, sondern sie, im Sinne vollendeter Entrepreneurship, zu kreieren. Drum wird, vom Kiga an, kreiert, was das Zeug hält, denn in jeder steckt eine Künstlerin, und wenn sie, mit drei Jobs und überzogenem Konto, vielleicht bloß Lebenskünstlerin wird, ist das immer noch besser als graue Stationsärztin in irgendeinem innovationsunlustigen Gulagkommunismus. Und dass das Online-Wörterbuch »kreieren« nach wie vor unter »bildungssprachlich« ablegt, wird zumal Bundesbildungsministerin und -fachfrau Anja Karliczek (CDU) freuen: »Wir brauchen jetzt alle Kräfte, um den Wandel zu gestalten. Gerade mittelständische Unternehmen und Start-ups können im Geist von Freiheit und Verantwortung einen großen Beitrag leisten – mit der Freiheit, die Forschungsthemen selbst zu bestimmen, und in Verantwortung, daraus innovative Geschäftsmodelle zu kreieren.«

Denn am Kreieren von Innovation ist die historische Alternative, in der es Geschäftsmodelle erst gar nicht gab, ja bekanntermaßen gescheitert. Und wenn das Tina, Anja und alle Kräfte, die einen Wandel gestalten, der nie einer ist, nicht fabelhaft bestätigt, dann weiß ich allerdings auch nicht.

disruptiv

Es war gar nicht geplant; man muss auch nicht jeden Quack notieren. Aber wenn ich, apropos Karliczek, diesen Quack nicht notiere, tut es vielleicht sonst keiner, und wie schade wär's! Bitte sehr:

> »Und genauso gilt es für die Agentur zur Förderung von Sprunginnovationen, die schon genannt worden ist. Auch aus Grundlagenforschung neue Marktideen zu entwickeln, ist der Trend der Zeit. Wir brauchen nur mal das World Wide Web und das Smartphone anzuschauen; denn das zeigt, was der Trend der Zeit ist. Genau diese Wege jetzt als Staat zu unterstützen, ist auf der einen Seite neu und auf der anderen Seite mutig, aber, ich glaube, wichtig; denn disruptive Ideen aufzugreifen und umzusetzen, muss Anspruch des Innovationslandes Deutschland sein.«

Es ist vermutlich so: Wer im Herbst 2019 World Wide Web und Smartphone zum »Trend der Zeit« ausruft; wer glaubt, etwas könne auf der einen Seite neu und auf der anderen Seite mutig sein; wer ein Wort wie »Sprunginnovationen« aussprechen kann, ohne rot anzulaufen (wir waren bei der Rede nicht dabei, glauben es aber sofort, dass die ihrerseits sprunginnovative Karliczek nach Gewohnheit blass blieb): dem bleibt am Schluss nichts weiter übrig, als von Disruptiv-Ideen in Innovationswunderländern zu faseln.

Denn Disruption ist Pflicht und Trumpf, das neue (besser sogar: Neue) Denken: Einfach mal alles anders machen! Einfach mal überlegen, ob es nicht ganz anders ginge – Revolution! Also nicht gesellschaftlich jetzt, das ist klar, funktioniert ja auch alles ganz vorzüglich, denn die Armen sieht man nicht, und um die ganze schlimme Ungerechtigkeit endlich einmal abzuschaffen, dafür gibt es, simsalabim, die Bildung, »njorp« (Onno Viets):

> »Wir reden in diesen Tagen viel über die Gleichwertigkeit von Lebensverhältnissen, und das heißt dann auch: gleichwertige Bildungschancen. Hier haben wir definitiv noch Luft nach oben. Wenn wir in der Bildung überall in Deutschland spitze sein wollen, dann müssen wir die Zusammenarbeit zwischen Bund und Ländern in einer Welt im Wandel erneuern; denn nicht mehr die Bundesländer untereinander sind Wettbewerber. Unsere Wettbewerber in der Bildung sitzen in Singapur, Japan und Estland. PISA lässt grüßen!«

»Scheiße, Scheiße, dreimal Scheiße« (Thomas Gsella), wie hier eine, der es bei Sprungtrends wie Internetz und Telefon gar nicht disruptiv genug zugehen kann, im Trendfeld Sprache die Disruption zu Hause lässt und so konform daherschwätzt, dass es schon beinahe eine Freude ist und *Luft nach oben* eigentlich schon nicht mehr vorhanden. Was bedeutet, es gibt sie nach unten; denn wo unsere Wettbewerber in der Bildung *definitiv* in Estland sitzen – Opdenhövel (Abitur) würde hier beipflichten: »Absolut, absolut!« –, da sitzt eine so felsenfest auf dem verklebten Boden der ekelhaften Tatsachen, dass nicht nur PISA grüßen lässt, sondern der Ungeist selbst. »Bildung ist auch, Traditionen zu leben und vor Ort verwurzelt zu sein, aber alle jungen Menschen müssen gleiche

Chancen in der Bildung haben«, damit sie vielleicht lernen, dass das transitiv gemachte »leben« stets sein Gegenteil meint (wer eine Tradition lebt, lebt gar nicht) und es niemandem zugemutet werden sollte, vor Ort verwurzelt zu sein: Denn, erstens, »a man is not a tree« (Monostars), zweitens ist »vor Ort« Bergmannssprache und hat mit Wurzeln nichts zu tun, drittens kann man, wenn man schon wurzelt, nicht anders als ortsfest wurzeln, und viertens gehört »vor Ort« zu den Metaphern, denen ein paar Jahrhunderte Pause sehr gut täten.

Aber *insofern* passen sie natürlich zu einem Gewäsch wie diesem: »Die Entwicklungen sind rasant schnell, und der Höhepunkt scheint mir noch nicht erreicht zu sein.« Der Höhepunkt nämlich einer Entwicklung, die an rasanter Schnelligkeit einbüßt, schnell nur noch normal schnell ist und schließlich aufhört; so dass im 22. Jahrhundert, falls die Welt dann noch steht, immer noch alle auf Instagram sind und in den Baumarkt gehen.

Denn die Entwicklung der Menschheit, sie bleibt nicht stehen: Die sog. Entwicklungsländer etwa werden, nachdem sie hundert oder zweihundert Jahre lang Entwicklungsländer gewesen sind, den Höhepunkt ihrer Entwicklung sicher erreichen, denn bei ihrer Entwicklung, an der kein Industrieland ein Interesse haben kann, ist noch so viel Luft nach oben wie bei der von Karliczek propagierten Bildung, die für alle gelten zu lassen genau jenes Privileg bedroht, zu dessen eiserner Wahrung »die Bundesrepublik Deutschland« (Karliczek) doch da ist. Dafür bietet das Vaterland denn auch »Rahmenbedingungen wie kein anderes Land dieser Welt. Ich denke, wir können gemeinsam stolz darauf sein.«

»›Ich denke/meine‹ … Beides gelogen« (Michael Rudolf, »Atmo. Bingo. Credo. Das ABC der Kultdeutschen«, Berlin: Tiamat, 2007), wie die Luft nach oben zu halt immer dünner wird. Und dünne Luft nichts anderes bedeutet als: Sauerstoffmangel.

Was zu beweisen war.

starke Kinder

»Wer spricht von Siegen? Überstehn ist alles.«
Rilke

Wer seinen statistischen Alterszenit überschritten hat, mag es mir nachtun und nicht mehr soviel Zeit vor dem Fernseher sitzen; wenn ich aber doch mal vor der Glotze lande, wegen Müdigkeit und weil ich »Ocean's Twelve« noch nie gesehen habe, sind natürlich die Werbepausen durchzustehen, was allenfalls dann geht, wenn man den Ton wegschaltet. Als Stummfilm sah ich also einen Clip, der, wie mir spätere Recherche verriet, zu einer »Thank you Mom« / »Danke Mama« betitelten Kampagne des Konzerns Procter & Gamble gehörte und in dem der Sportnachwuchs beim kindlichen, später adoleszenten Nachwuchssporttreiben wiederholt auf den Hintern fiel, aber durch die Beharrungskraft der Mamas (nicht der Papas, die kaufen keine Windeln) gleichwohl noch auf dem Treppchen landete. Was die Mamas so stolz machte, dass sie heulten. Der Claim, in Deutschland mit freundlicher Unterstützung der Testimonials Rosi Mittermeier & Sohn Felix Neureuther (Skisport): »Du bringst uns bei, dass Hinfallen uns stärker macht – danke Mama!«

Es war dies zur Zeit der russischen Winterspiele von Sotschi. Viel wurde seinerzeit geschrieben über Willkür, Ausbeutung, Brutalität und Korruption, die bereits deshalb so schwer wogen wie nie zuvor, weil Willkür, Ausbeutung, Brutalität und Korruption nicht für strahlende Spiele, sondern bloß halbfertige Hotelzimmer, Bienen im Frühstückshonig und Doppeltoiletten ohne Trennwand sorgten. Natürlich wurde in den zwei Wochen Olympia dann trotzdem unverdrossen über Bobfahrten und Riesenslalom berichtet, weil ja kein Sportskandalon so erheblich ist, dass es die Instanzen dazu brächte, auf den Sport als »größte der Blödmaschinen« (Metz/Seeßlen) zu verzichten. Weil er den Leuten nämlich so schön das Konkurrenzprinzip in die Birnen hämmert und schon die Kinder mit der Unausweichlichkeit des gesellschaftlichen Leistungsanspruchs niederstreckt: »Du bringst uns bei, dass Hinfallen uns stärker macht – danke Mama!«

Wie klafft der Abgrund an Gemeinheit. Denn wenn ein Kind hinfällt, dann soll man es aufheben und trösten und nicht noch das kindliche Malheur ins fanatisch instrumentelle Denken einpassen. Die Niederlage als Ansporn und Propagandamaßnahme, so wie die Helden von Stalingrad nicht für nichts gestorben sind, sondern damit Deutschland lebe, wie es wiederum niederziehend ist, wie sich das Ideologem vom »starken Kind« bis in die Jugend- und Sozialdezernate gefressen hat, die's natürlich nur gut meinen und nicht wollen, dass schwache Kinder Drogen nehmen, aber natürlich, wo sollen sie es herhaben, keinen Gedanken darauf verschwenden (und es, Apparate auch sie, billigen), dass Stärke immer eine zum Durchsetzen, Rechthaben, Gewinnen ist. »Starke Eltern, starke Kinder« nennt also der Deutsche Kinderschutzbund seine Jahreshefte, und mit »Starke Menschen bleiben jung« wirbt die Fa. Kieser-Training, was im Umkehrschluss heißt, dass schwache Menschen alt aussehen, nicht alt werden und zweimal selbst daran schuld sind, weil sie nämlich kein Geld fürs Kieser-Training übrig haben; so dass man's fast bedauern mag, dass »Kieser-Training: Freude durch Kraft« ein sehr viel schlechterer, auch viel weniger junger Slogan wäre, weshalb er hier schon aus rechtlichen Gründen ausdrücklich nicht zur Diskussion steht.

Und lieber auf den hundertstelsekundenschweren »Unterschied zwischen Teilnehmen und Gewinnen« verwiesen sei, den der offizielle Uhrensponsor der Winterspiele von Sotschi zu messen versprach. Dabeisein ist halt längst schon viel weniger als alles, es ist ganz einfach gar nichts mehr: Das Beste oder *niente*. Sie nennen es Freiheit.

Hinfallen, liebe Mamas, mache nicht stärker, sondern weiser. Das Leben ist nämlich, mit Ortega y Gasset, seinem Wesen nach ein einziger Schiffbruch, und geliebt wird euer Kind einzig da, wo es schwach sein darf, ohne Stärke zu provozieren; und den heutigen Saustall von Gesellschaft mag kennzeichnen, dass er noch die Kalenderweisheiten der Kritischen Theorie so glänzend ins Recht setzt.

macht süchtig/glücklich

»Süchtigkeit ist unmittelbar Regression.«
Adorno

Es ist ja ein bewährter Rat, die Welt als ästhetisches Phänomen aufzufassen, und schöner und grimmepreisnäher ging's am 29.7.2019 in den *Tagesthemen* tatsächlich nicht. Ja, konzedierte da ein fröhlicher Kölner namens Lorenz Beckhardt (WDR) anlässlich des »Welterschöpfungstages«, der den Moment markiert, in dem die Ressourcen eines Jahres verbraucht sind, und der jedes Jahr nach vorne rutscht: Er, Beckhardt, sei auch so einer, der regelmäßig »ein schönes Stück Fleisch« auf den Grill lege und in der Weltgeschichte herumfliege, und schämen tue er sich nicht. Er sei nämlich, wie alle anderen auch, »Konsumjunkie«, und einem Süchtigen kann man seine Sucht nicht vorhalten, man muss ihn noch bemitleiden: »Jeder weiß: Süchtige brauchen Hilfe. Das Problem ist, dass kein Arzt umweltschädliche Konsumsucht heilen kann. Das können nur mutige Politiker«, mithin zum politischen Selbstmord entschlossene, die wissen, was so ein Veggie-Day bei Wahlen anrichten kann. »Deshalb die Bitte: Macht Fleisch, Autofahren und Fliegen so verdammt teuer, dass wir davon runterkommen. Bitte. Schnell. Dann wählen wir auch euch alle.«

Bis es soweit ist; bis also die mutigen Politiker und entschlossenen Politikerinnen gewählt sind, die niemand wählt, wenn sie versprechen, alles teurer zu machen, kommen wir nicht gegen unsere Konsumsucht an. Eine Sucht, die im Drogenbericht der Bundesregierung aber auch nicht vorkommt, weil eine *robuste* Konjunktur noch jeder Bundesregierung zum Vorteil gereicht hat. Darum stehen Werbung und Kulturindustrie auch nicht an, Pralinen, Serien oder Gulasch – doch, Gulasch: »Dieses Gulasch macht süchtig!«, cf. Youtube – mit dem Etikett »macht süchtig!« zu versehen, und zwar nicht als Warnhinweis, sondern als Empfehlung. Sucht ist nämlich immer dann gut, wenn sie der Idee von Verwertung nicht zuwiderläuft, sondern sie ideal abbildet, und während Alkoholiker, Junkies und Kettenraucherinnen dem Leistungsdiktat zuwiderhandeln, sollen die Leute aber bitte schön kaufen, glotzen und verzehren wie süchtig, je süchtiger, desto besser. Der Konsumjunkie ist nicht krank, sondern sichert Renditen und Arbeitsplätze, und das Angebot, von diesem oder jenem süchtig zu werden, bedient nicht nur das Suchtzentrum im Hirn, ohne dass hernach die Polizei oder die Sozialfürsorge kommen muss, sondern liefert die Entschuldigung dafür, die Zukunft der Kinder (und nicht nur der eigenen) zu verfrühstücken, gleich mit. »… macht süchtig!« ist darum so perfide, weil es die Wahrheit so verpackt, dass es unwahr weitergehen kann, und dass die Parole mit der eng verwandten »… macht glücklich!« austauschbar ist – Probe aufs Exempel: »Krautgulasch macht glücklich« (pinterest.de) – ist dieselbe Wahrheit, bloß als Lüge.

Dass George Orwell soviel häufiger angerufen wird als Aldous Huxley, liegt natürlich nicht daran, dass »1984« besser als »Schöne neue Welt« ist. Viel eher ist der Grund, dass wir die eine Welt fürchten und die andere schon haben.

wir

»Wer ist ›wir‹? Ich nicht!«
Polt

Es mag widersprüchlich klingen, einerseits das zeitgenössische Individualitätsgewürge mit Max Horkheimer als »Gleichmacherei« zu erkennen und sich andererseits vor dem medialen »Wir« zu ekeln; ein Widerspruch, der sich auflöst, sobald man das eine als Funktion des anderen begreift.

Denn das »Wir« zumal des Fernsehens, das ohne weiteres von »unserer Demokratie« und »unserer Wirtschaft« orgelt, ist ja ein bloß patriotisches, das mit Solidarität und vernünftigem, weil ernstlich gemeinsamem, zu aller Vorteil erfolgendem Wirtschaften nichts zu tun hat. Wir sind die, die bei der nationalen Stange bleiben sollen, auch wenn unsere Demokratie beschlossen hat, Arbeitslose zu Almosenempfängern zu machen oder Leute, die nicht wir sind, in irgendwelche Kriegsgebiete zurückzuschicken, wie es genau jener bayerische Ministerpräsident vorschlug, der, als Corona im Schwange war, keine öffentliche Minute nicht ans Wir appelliert hat.

Die freie Entwicklung des einzelnen als Voraussetzung für die freie Entwicklung aller, so steht es im Kommunistischen Manifest; im Gegensatz dazu bedeutet »freie Entwicklung« heute, dass jede genug Gelegenheit haben soll, sich mit ihrem Smartphone zu beschäftigen (und zwar, einer kurrenten Lieblingsangewohnheit folgend, im parkenden Auto bei laufendem Motor). »Wir« ist dann bloß das nationale Zwangskollektiv, dessen Teile getrennt voneinander, aber zusammen einverstanden sein sollen mit einer Ordnung, die den Zusammenhalt um so unausweichlicher predigen muss, je bröckeliger er ist; »wir«, das ist im letzten die Volksgemeinschaft, in der sich Fabrikantin und Malocher *auf Augenhöhe* begegnen können sollen.

Es ist übrigens, täusche ich mich nicht, eine relativ neue Erscheinung, dass »wir« Papst oder Weltmeister sind. Vor dreißig, vierzig Jahren, also vor Mauerfall, Wiedervereinigung und dem sog. unverkrampften Patriotismus – jaja, Vati erzählt vom Krieg, und trotzdem! – waren deutsche Mannschaften noch nicht pauschal und selbstverständlich »wir«, sondern erst einmal deutsche Mannschaften, also: »Die deutsche Mannschaft muss jetzt aufpassen« statt: »Wir müssen jetzt aufpassen«. Als Ende November 2020 der Jahrhundertfußballer Diego Armando Maradona gestorben war und Youtube noch einmal seine größten sportlichen Momente bereithielt, sah ich zum wievielten Mal die Tore des Endspiels der Fußball-WM 1986 in Mexiko, Argentinien – Deutschland, eine Partie, die ich als Kind damals live am Röhrenfernsehschirm verfolgt habe, und noch der leidlich Erwachsene hält den Ausgleich zum 2:2 für einen der erheblichsten, ja glücklichsten Momente seines Lebens. Für die, die nicht dabei waren: Argentinien 1:0, Argentinien 2:0, das Spiel ist eine Viertelstunde vor Schluss eigentlich entschieden; dann aber Rummenigge 2:1, Völler 2:2! Dann aber Burruchaga nach Pass von Maradona 3:2, Ende. So unvergessen wie der ehrenwerte, mit den heutigen Exaltationen »definitiv« (Opdenhövel) nichts zu tun habende Kommentar des wunderbar soignierten ZDF-Mannes Rolf Kramer nach dem Ausgleich (»Ist denn das die Möglichkeit!«) und vor dem argentinischen Siegestreffer (»Toni, halt den Ball! – Nein«) die Sätze nach dem deutschen Anschlusstor; Sätze, die in dieser Form heute im strengen Wortsinn undenkbar sind: »Völler … und: Da isses! Da ist es! Rummenigge! Und das möchten wir gern noch mal sehn! Und dann Zugabe. – Das klingt vermessen, ich, Entschuldigung.«

»Entschuldigung«; unfassbar. Da entschuldigte sich einer dafür, dass er, in einem Moment der Schwäche, zu erkennen gegeben hatte, zu welcher Mannschaft er hielt, zu welchem Kollektiv er sich rechnete; dass er vielleicht, wie der Zwölfjährige vor dem Fernseher, hoffte, dass »wir« Weltmeister würden, was aber mit dem altbundesdeutschen Sportbericht (in späteren Event-Zeiten als »Eins-zu-null-Berichterstattung« geschmäht) nichts zu tun hatte, und also: Entschuldigung. Und gleich noch einmal, als Kramer, nach dem unglaublichen 2:2, den Kopf verliert und plötzlich selbst auf dem Platz steht, Wikipedia weiß es und blendet uns ein: »… die beiden, die angeschlagen sind: Karl-Heinz Rummenigge und Rudi Völler, die machen hier die Tore – 2:2, 81. Minute, und es wäre billig, ich verkneif's mir zu sagen, dass wir nicht aufgesteckt haben – ich tu's ja doch; bitte um Entschuldigung!«

Soweit der Gentleman Rolf Kramer. Opdi, später (und wieder sind wir David Schuh zu Dank verpflichtet)[9]:

9 Und vielleicht ist es Opdenhövel ja auch: In einer ganzen »Sportschau« vom 15. und einer halben vom 16. Dezember 2020 sah er zwar nicht unbedingt aus wie ein Erwachsener, sondern wie Sportmoderatoren nun einmal immergleich aussehen, es muss da eine Dienstanwei-

»Als Vollmitglied des lärmenden Volkes ist auch Opdenhövel ein tadelloser Patriot und heult sofort los, als Mario Götze in der 113. Minute ›uns zum Weltmeister‹ schießt; und ›klopf(t) dann wirklich vor Freude mit der flachen Hand immer vor diese Glasscheibe, das musste alles raus, das war schon ein wahnsinnig emotionaler Moment‹.« Und also waren wir Weltmeister, so wie heute »unsere Demokratie« (Ingo Zamperoni, ARD-*Tagesthemen*) in Gefahr ist, wenn Abgeordnete der AfD angeschlossene AfD-Rabauken in »unser Parlament« (Julie Kurz, NDR) schleusen, wo sie dann unsere Abgeordneten molestieren, damit unsere Meinungsaufsager von unseren Gebühren unsere Meinung aufsagen können. Und dass es im Zweifel nicht meine ist, ist genau der Widerspruch, den das »wir« so schön auszubügeln unternimmt.

Ich bügel' ja traditionell selbst.

sung geben (oder eben keine, wo falsches Leben wie von selbst ins falsche Sakko findet), sprach aber im wesentlichen so, von einer »cremigen Begegnung« o.s.ä. abgesehen. Opdenhövel, der im Sommer 2021 das 51. Lebensjahr vollendet, auf dem Weg in die Altersweisheit? Oder wenigstens -milde? Oder ist Aufklärung doch nicht vergebens?

gern

Nicht alles wird im Alter besser, und das ist jetzt einmal die Herausforderung (für mich, aber auch für Sie!): auf Google verzichten und sich einfach darauf verlassen, dass mein Gedächtnis recht hat und es das in Planung befindliche Berliner Holocaust-Denkmal war, von dem der damalige Bundeskanzler Gerhard Schröder erwartete, dass die Leute »gerne« hingingen.

Ich war, ich muss es gestehen, noch nicht da, aber dem Vernehmen nach gehen die Leute wirklich gern hin, klettern sogar auf den Stelen herum, essen Eis und checken zwischendurch WhatsApp, und wenn sie hinterher wo einkehren, um ihre Betroffenheit zu verarbeiten, bringt die Servierkraft das Bestellte und erwidert das (hoffentlich erfolgende) »Danke« nicht mehr mit »Bitte«, sondern mit: Gern. Oder eben »gerne« (Schröder).

Und da haben wir jetzt die Wahl: Entweder ist es so, dass das Lokal eins ist, wo auch der und die, die die Sachen bringen, Tag für Tag gerne hingehen, weshalb es nicht weniger als in Ordnung ist, dass wir's auch erfahren und dann weniger Trinkgeld geben können, weil die Freude an Beruf oder Job mit Geld ja nicht aufzuwiegen ist. Oder es ist anders, und der Job ist ein Job ist ein Job, und wenn wieder eine Horde Touris anrückt und man ihnen am liebsten einen Eimer Putzwasser übers Haupt gießen würde, weil die Touris nerven und die Chefin nervt und die Füße schmerzen und die Leute auch immer frecher werden, dann sagt man: Gern, weil das Gegenteil wahr ist, aber Deutschland keine Servicewüste mehr und die mehr oder minder freie Dienstleistung etwas, wofür man noch dann brennt, wenn die Füße brennen. »Bitte« ist da zu neutral, eine Floskel, so wie »danke« eine Floskel ist. »Gern« dagegen ist die nachdrückliche Bekundung, dass der Service hier wirklich von Herzen kommt, was wichtig ist, weil in einem Land, in dem permanent geliefert wird und geliefert werden muss, es für niemanden angenehm wäre, wenn die, die liefern, nicht gerne liefern würden. Tun sie aber, und also *alles gut*.

Mit dem Holocaust-Denkmal will Deutschland sich ja gewissermaßen bei den Juden entschuldigen. Wer Gremliza und Eike Geisel gelesen hat, mag finden, Deutschland wolle sich nicht entschuldigen, sondern bloß entschulden, was nicht ganz dasselbe sei. Jedenfalls scheint es geklappt zu haben, denn kein Land auf der Welt ist so beliebt wie Deutschland und kein Land so unbeliebt wie Israel, und wer, als tadelloser Patriot oder gute Patriotin, da dem Weltgeist – oder vielleicht besser: der Vorsehung! – dankt, der rechne drauf, dass der Weltgeist, diese deutsche Idee sagt: Gern.

spannend, darstellbar

Sprachkritik ist nun wirklich das allerdickste Brett, das einer bohren kann; weshalb »spannend« im Buch gar nicht vorkommen sollte, als unverzichtbarer Bestandteil zumal des Vokabulars der Informierten und Formalgebildeten und gewissermaßen ehrwürdigstes aller Dummwörter, das Aufblaszwang mit falscher Anteilnahme, Psychojargon und dem hemmungslosen Hang zur Oberfläche vereint. Denn was spannend ist, braucht nicht interessant zu sein, und dafür sind meine Latinumsreste noch gut, dass »interessant« von »interesse« kommt, wörtlich »dazwischen sein«, mittendrin, Anteil nehmend, während irgendwas spannend zu finden bereits den Stumpfkopf anzeigt, der ständig öden Kram als spannend serviert bekommt und sich auch servieren lässt. Spannend sind Krimis und Fußballspiele, wenn man darüber den Toilettengang verschiebt; was darüber hinaus spannend ist, verweist wiederum im Gegenteil auf fehlende intellektuelle Spannkraft, auf die Kapitulation vorm Reiz als Dauerzustand. »Wer ›lecker‹ sagt, weiß nichts von gutem Essen, wer ›geil‹ sagt, weiß nichts von den schönen Dingen dieser Welt, und wer ›Kult!‹ sagt, weiß überhaupt nichts« (Michael Rudolf, op. cit.); und wer »spannend« sagt, findet nichts mehr spannend, ertrüge aber die Stille nicht, die sich aus dem Eingeständnis ergäbe, ja nicht einmal die ungleich kürzere, die's brauchte, um ein passenderes, darin aufrichtigeres Wort zu finden. »Spannend!«, das ist bloß Gebell, das Selbstbesinnung so zuverlässig verhindert wie Supermarktmusik, Teil des bereitwilligen Affirmationsgetrommels, das noch dann alles spannend findet, wenn man vielleicht einmal Grund hätte, etwas nicht ganz so spannend zu finden; statt, sagen wir, unerfreulich, hässlich, langweilig, stumpf, gemein, sinnlos oder blöd. »Nicht so spannend« heißt lediglich, wir haben um- oder abgeschaltet; falls es, noch einmal, überhaupt etwas heißt. Und nicht schlicht, sich einer Meinung so günstig wie bewusstlos zu entziehen, ohne deshalb aufs Gequak zu verzichten. Als ginge das schon gar nicht mehr; und vielleicht tut es das ja wirklich nicht.

Keine Meinung zu haben wäre also gar nicht mehr darstellbar, so wie ein Schuh, fragt man beim Schuhkauf nach, sowohl in Schwarz als auch Braun darstellbar ist. »Das gibt es nicht« gibt es nicht; was es nicht gibt, das ist nicht darstellbar, weil es ja immer alles gibt, und sei's bloß hypothetisch. Was darstellbar ist, das gibt es und kann dem Urteil spannend / nicht spannend unterfallen. »Das ist nicht darstellbar« ist Büro- und Verkaufssprache und verdankt sich der Präsentation, wo Aufschneidevokabular seine Berechtigung hat: Was man dem sog. Kunden nicht darstellen kann, das wird er nicht kaufen, wie er nicht schlucken wird, was er nicht spannend findet. Im Ernst spannend ist dieser Zusammenhang nicht, weshalb der Autor in späteren Büchern darauf verzichten wird; falls der Verlag nicht findet, dies sei nicht darstellbar. Womit er meint: Das geht gar nicht.

zunehmend, verheerend

Die Dosis macht das Gift, lehrt Paracelsus, und das ubiquitäre Adverb »zunehmend«, aus dem englischen »increasingly« eingedeutscht, wäre, bei aller auch lautlichen Dumpfheit, sogar zu ertragen, wenn es sich nicht so biologistisch invasiv verhielte und seinen Mitgeschöpfen das Terrain streitig machte: zuerst dem klanglich zu nahen, freilich auch zu schönen »zusehends«, aber auch dem banalen »immer«; so dass, wäre ich ein bisschen blöder, meine schöne Frau nicht mit den Jahren immer schöner würde, sondern »zunehmend schöner«, was direkt doppelt widersprüchlich wäre.

Denn erstens will sie, wie ich sie kenne, gar nicht zunehmen – der Witz ist alt, man darf ihn kaum mehr machen: »Er wurde zunehmend dünner« –, und zweitens atmet »zunehmend« zu hörbar die kalte Amtlichkeit seines Substantivs, der Zunahme, um von feineren Ohren (meinen) als schön empfunden zu werden. Also macht mich die Zunahme der Schönheit meiner Frau nicht zunehmend froher (oder, nach anderer, noch versimpelnderer Sitte: zunehmend froh), sondern ich freue mich jeden Tag doller, dass sie immer schöner wird, und zusehends größer wird meine Freude, nicht zunehmend groß, andernfalls ich gar kein Recht hätte, über Fragen der Ästhetik ein Urteil abzugeben, und das wär' ja glatt, wie sagt man gleich: verheerend!

Denn für das gleichfalls unausweichliche Adjektiv »verheerend« gilt ebenso, dass sehr viel weniger sehr viel mehr wäre. Wie eindrücklich und ausdrucksvoll die Metapher, die sich dem Heer verdankt, das einen Landstrich verheert, mal gewesen sein mag, jetzt ist sie leer, durch Übereinsatz gewissermaßen verheert, ausgepresst, geplündert; aber so, wie der Mensch ja auch den ausgepressten und verheerten Planeten immer weiter sekkiert, sind Unwetter, Explosionen oder sonstige Katastrophen nie stark, schwer, schlimm oder übel, sondern stets verheerend, ja hinterlassen verheerende Schäden, was krumm, mindestens um die Ecke ist, weil die Verheerung der Schaden schon ist. Dann müssen wir annehmen, gemeint sei, dass die Verheerung durch den Schaden (also: der Schaden durch den Schaden!) riesig ist, soziokulturell etwa oder was die Perspektiven einer womöglich eh schon armen Region anlangt. Von vorn: Ein verheerender Sturm verheert das Land, und das verheerte Land ist für die Zukunft der Menschen verheerend; so wie für die Zukunft der Sprache die zunehmend verheerte Gegenwart, der in dieser Beziehung zunehmend die Vorbilder fehlen, solche, die den Unterschied zwischen »mehrfach« und »mehrmals« kennen und ihr schreibendes Leben in voller Absicht ohne »zunehmend« und »verheert« verbringen. Das geht.

Wie ich's hinschreibe, sehe ich Hanns Zischler und Rüdiger Vogler vor mir, wie sie 1976, in Wenders' schönem Film »Im Lauf der Zeit«, im Wolfsburger Bahnhof Tee trinken, und Zischler fragt Vogler, ob das denn gehe, so ein Leben ganz allein, in einem Möbelwagen, immer die Zonengrenze lang, um in Dorfkinos Projektoren zu reparieren; und Vogler sagt, das gehe, gehe sogar »immer besser«. – Oder so ähnlich. Was er jedenfalls nicht sagt, ist: zunehmend gut.

Wär' ja auch verheerend.

zwanzigzwanzig

»In the year 2525, if man is still alive«
Zager & Evans

Was ich nun dagegen wieder habe, dass das einundzwanzigste Jahrhundert, sofern deutschsprachig, sich entschieden hat (und hörbar *zunehmend* entscheidet), nicht etwa »zweitausendzwanzig« zu sagen, sondern »zwanzigzwanzig«; wo doch die angelsächsische Welt seit je »nineteen eighty-four« sagt und nichts dagegen zu sagen ist.

Aber die angelsächsische Welt sagt auch »nice«, und wenn sie sagt: »It was nice in nineteen eighty-four«, klingt das fein. Dumm dagegen klingt: »Es war nice in zwanzigzwanzig«, und es stimmt ja auch inhaltlich kein Stück.

Vielleicht geht ein Grund so: Was kurz war, kann kurz bleiben; was lang war, sei erst verkürzt, wenn sicher ist, dass die Kurzversion sich nicht nach der dümmlich lockeren Übersicht anhört, die bloß bedeutet, jederzeit mit Lust und Laune für alles den Arsch hinzuhalten. Konkreter: Wenn es sich nach Opdenhövel anhört, nicht sagen.

Das gilt grundsätzlich.

Erwartungshaltung, Stimmungslage

»Nicht schlecht aber auch Paul Breitner über ein Veteranen-Fußballturnier in Südamerika: ›Die Qualität konnte der Erwartungshaltung nicht standhalten‹ – ja, in gewisser Weise weist zeittypischer Hirnmüll dieser Art schon wieder selbst über Kohl hinaus weit in eine noch schönere Welt.«

Henscheid, 1986

Und noch zwei Hirnmüll-Klassiker, von denen ich sicher weiß, dass sie mich überleben werden, weil längst auch Verwachsungen wie die »hohe Erwartungshaltung« gängig sind (hier: handelsblatt.com), wiewohl eine Haltung nicht hoch sein kann, eine hohe Erwartungshaltung so Fehlbezug nimmt wie das Emmentaler Käsebrot und eine Erwartung ohne Haltung wie Jeans ohne Hose ist: »Beim G20-Gipfel folgte auf die naive Erwartungshaltung der Politik die untaugliche Taktik der Polizei«, und auf die Quelle sei verzichtet, denn ich habe sie weder notiert, noch ist sie irgend wichtig, man findet derlei überall. (Deutsch wäre gewesen: »die Naivität der Politik«; so war's halt wieder Journalismus.)

Es ist ja immer wichtig, Haltung zu zeigen, zumal in einem Metier, dem man Haltung nicht unbedingt zutraut. »Distanz halten, sich nicht gemein machen mit einer Sache, auch nicht mit einer guten« – die von der BBC gelernte Regel des Altmeisters Hanns Joachim Friedrichs, die hängt bei den Berichterstattern überm Bett, und nur wenn die Sache besonders gut oder klar schlecht ist, werden sie parteiisch und lieben deutschen Sportsieg und hassen Hamburger Linkschaoten, die die naive Erwartungshaltung einer friedlichen und stets ausgleichenden Polizei gnadenlos ausgenutzt haben. »Alle Objektivität ist Schweinerei« (Joseph Roth an Stefan Zweig, 20.11. 1930), und damit die wohlwollende Neutralität nicht mit fehlendem Rückgrat verwechselt werde, dichten sie sich eine Haltung an, die aber bloß eine Erwartungshaltung ist: die Haltung, die man von ihnen erwartet.

Fest genug ist die Haltung aber, dass sie das, was an der Erwartung offen ist, kassiert, und wo's nix zu erwarten gibt, wird immerhin Haltung bewahrt; so dass die Erwartungshaltung den raren Fall eines schwarzweißen Schimmels vorstellt, Oxymoron und Pleonasmus zugleich. Das hat sie der bloß pleonastischen Stimmungslage voraus, recht eigentlich ein Militärwort und gut zu Panzerautos, Nachvollzugsmeldung und atmungsaktiver Marschausrüstung passend (»Wie ist die Stimmungslage?« – »Bestens, mein Führer!«). Aus zarter Erwartung, die Stimmung betreffend, wird harte Haltung zur kommenden Lage – kein Wunder, dass sie alle ihren Helmut Schmidt so vermissen.

Exkurs I: Power

»Auf die Dauer hilft nur Power.«
Sponti-Weisheit

Es ist seltsam: Die Überzeugung des dialektischen Materialismus ist, dass es einen Umschlag von Quantität in Qualität gebe, dass also aus Viel irgendwann Gut werde, und ich bin ja nun der letzte, der was gegen den dialektischen Materialismus hat. Aber warum das dummsprachliche Crescendo bloß immer schlimmer nervt, statt endlich mal ins Hübsche umzuschlagen, müssen wir wohl im nächsten Buch klären.

Doch keine Regel ohne Ausnahme. Mein Bruder und ich sammeln seit Jahren Beweise für die (in diesem Fall schöne) Unverwüstlichkeit und Allgegenwart des Werbereizworts »Power«. Es ist in seiner Naivität tatsächlich nicht totzukriegen, trotz Ironie, Postmoderne, Viralreklame und was immer sonst sich noch ereignet hat, seit zum ersten Mal ein deutscher Werber (damals dürfte es wohl wirklich ein Mann gewesen sein) das Knallwort »Power« in die Anzeige klebte. Im Wissen, dass Google sowieso alles speichert, hab' ich eher schlampig gesammelt; jedoch immerhin: »Französisch: die neue Power-Grammatik« hält ein Verlag im Programm, der froh sein soll, dass mein Beweisfoto so unscharf ist; »Kräuter bringen Power in Ihr Menü«, annonciert die Laufzeitschrift *Runner's*, und etwas Nötiges namens *Vivanti*, laut angemessen ausführlichem Untertitel »Das Beste aus Life-style, Wirtschaft, Sterneküche – Automobile, Reisen & Hotels & die besten Interviews«, verspricht vergleichbar kernig »Neue Power fürs Revier«.

»Achtung! Powerzaun!« warnt im Tierpark ein elektrifizierter, nun ja, Powerzaun, und die Batterien-Fa. Duracell hat zwar alles Recht, mit und für Power zu werben, kostet es aber dann doch etwas maßlos aus: »Nutze die ganze Power – die einzige Batterie mit Powercheck-Tester – Duracell Ultra Power«, zumal da ein »Powercheck-Tester« den Redundanz-Check mit Eins besteht. Die dreifache Power ist aber wiederum nix gegen WC-Tabs, die schreibe und staune »5x Power« bereithalten, namentlich gegen »Kalk & Urinstein, Ablagerungen unter Wasser, hartnäckige Verschmutzungen, schlechte Gerüche, Rost«, während irgendeine Bank ganz einfach »Mehr Power für Ihre Pläne« im Portfolio hat.

Vier Induktionskochfelder mit dem vierfachen Hinweis »Power« verschönten meinen Urlaub an der dänischen Ostsee, im deutschen Internet empfahl sich »ein persönlicher Lifestyle-, Mama- & Fitness-Blog, der aus Baby, Bizeps & Brownies ein leckeres Buchstabensüppchen für die moderne Powerfrau kocht«, die derlei Dreck am Ende sogar verdient hat, und mein Buchladen hatte im Februar zwanzigzwanzig ein Buch namens »Zell Power« im Schaufenster stehen, während die Bäckerei, nicht faul, »Saaten-Power« annoncierte. Weniger gesund, genauso lecker: »Peanut-Power«-Riegel bei und von Rewe, und eine beim Reifenwechsel aufgeblätterte Kfz-Anzeige kannte mich genau: »Für mich zählt Power.« Und für mich halt auch!

So ging es hin und geht es weiter, zumal und nur vordergründig ironisch dann, wenn es um Schönheit geht:

Eine »Himalayan Charcoal Mask« befiehlt per Aushang: »Spüre die Power!«, die Männerkosmetiklinie Biotherm Homme hält gleich ein ganzes Sortiment »Aqua Power« bereit, und ein sog. »Karbon Duschgel« wirbt zwar versuchsweise mit »Multi Action«, hat aber weder eine Chance gegen »Schauma Power Volumen 48h« und »Schauma Sports *Power*-Shampoo« (kursiv im Original) noch gegen »Nivea Men Strong Power«, den letztlich Sieger aller Klassen und unschlagbaren Gewinner nicht nur des Shower-Power-Contests, sondern insgesamt. »Strong Power«, nein, mehr Power geht nicht. Überzeugend!

Und vollends trostreich, dass uns vom wortlos Kreatürlichen evtl. bloß ein »Power« trennt. Wir hören es und greifen zu, wie Enten nach dem Brotstück schnappen. »Antn!« nähert sich in Eckhard Henscheids unvergänglicher Idylle »Maria Schnee« ein Mann im Dialekt und in Eichendorffscher Sommernacht der Sprache der Tiere: »Broooove Antn!«, und der junge, füglich hingerissene Gustav Seibt analysierte seinerzeit in der *FAZ*, »nichts Geringeres« erstrebe der Dichter hier und andernorts, »als das vorbegriffliche Leben, das von Sprache meist zerstört wird, in der Sprache hörbar zu machen«.

Das erstreben die, die keineswegs blind, sondern wohlüberlegt mit dem Wörtchen »Power« operieren, freilich ebenso, und dass wir das vergnüglich finden, ist nicht Zynismus, sondern verdankt sich der Überlegung, die Kleist in seinem Aufsatz über das Marionettentheater angestellt hat: Grazie, Anmut verträgt sich nicht mit (irdischem) Bewusstsein: Anmutig kann man nur sein, nicht sein wollen. Nach dem Sündenfall ist das Paradies der Unbefangenheit und Naivität nur dem Kindlichen, Bewusstlosen, der Marionette gegeben oder dem, dessen Erkenntnis gottgleich »durch ein Unendliches gegangen«

ist. Erst Alles würde wieder Nichts; und also fielen erst höchste Kunst und Naivität (wie übrigens in »Maria Schnee«) wieder zusammen.

»Power« ist nun sowohl die Naivität selbst als auch die Spekulation darauf, die um so rücksichtsloser sein kann, als sie sich stets wieder selbst ins Recht setzt. Das Primitive ist das letztlich Ausgefuchste, das stur-verrammelt Hässliche die Schönheit, die sich seiner Ewigkeit verdankt. Etwas rundweg Entsetzliches, mustergültig Kopftotes wie das »Erlebnis Niederrhein«, das, glaubt man der Tourismuszentrale, »Natur pur mit ganz viel Power« ist, wird so am Ende praktisch paradiesisch; denn bleibt nur alles aberdumm, »dann stellen«, wusste Henscheid, Fachmann für höchste Schönheit in tiefster Blödheit, »da, unfrei nach Kleist, die Dumpfheit durch ein Unglaubliches gegangen, auch wiederum die Heiterkeit sich ein und fast schon Grazie.«

Im Falle »Power« darf man finden: Strong Grazie.

Exkurs II: *

Wer auf der Suche nach Klarheit, was das generische Maskulinum betrifft, also die tradierte Methode des Deutschen, gemischtgeschlechtliche Gruppen mit dem männlichen Plural zu versehen (»Schüler und Lehrer«), bei Wikipedia und anderswo nachschlägt, ist hinterher zwar schlauer, aber nicht unbedingt klüger. Die Verteidiger (und Verteidigerinnen) der alten Form halten dafür, das männliche Geschlecht sei hier ein rein grammatisches, kein natürliches, eine »nicht markierte« Grundform und als solche vom Geschlecht abstrahierend, eine Funktion benennend: Lehrer ist, wer lehrt. Die Gegner (und Gegnerinnen) des generischen Maskulinums argumentieren u.a. damit, »Schüler und Lehrer« mache Schülerinnen und Lehrerinnen (und Inter- und Transgeschlechtliche) unsichtbar, und verweisen auf rezeptionspsychologische Studien, wonach die männliche Pluralform die Vorstellung begünstigt, es gehe um Männer, und sich Frauen von Stellenanzeigen, die schlicht »Ingenieure« suchen, nicht angesprochen fühlen; solche Anzeigen sind mittlerweile verboten.

In die Details muss hier nicht eingedrungen werden, man kann das alles nachlesen, und ein so zögerlicher Geist wie ich begrüßt es, dass gegenwärtig alle Formen nebeneinander existieren, mitunter ganz friedlich in ein und derselben Publikation: die Schüler wie die Schüler und Schülerinnen, die Schüler/innen wie die Lehrer_innen und Student*innen; das Binnen-I gilt schon als gestrig (und gewinnt dadurch, bspw. in der Schweizer *Wochenzeitung*, etwas Konservatives, geradezu Souveränes, darin Diskretes). Oder freilich, der Sache aus dem Weg gehend: Lehrkräfte und, nicht unheikel, Studierende (»zwei tote Studierende«), häufig bereits in den Singular zurückübertragen (»die Studierende«).

Dass, wo gegendert wird, die unansehnlichste Form dominiert, nämlich die mit dem Sternchen, spricht für die These dieses Buchs, dass, geht es um Sprache, das Schlechte stets gewinnt, in diesem Fall das, was das Auge aus der Zeile zieht, weil über jedem Gruppenplural ein Feuerwerk der Vielfalt leuchtet. Sympathischer und plausibel, dezent auch deucht da die Idee, die Lücke im geschlechtsbinären Weltbild per Doppelpunkt zugleich zu markieren und zu schließen; wie auch der Schrägstrich Trennendes und Verbindendes ausdrückt. Das Sternchen hingegen springt bloß ins Auge, und da sagt das Auge dann Aua.

Solange also niemand eine bessere Idee hat, könnten Kritiker*innen ja überlegen, ob sie ihr Lob nicht als Kritiker:innen oder Kritiker/innen spenden wollen. Bei Verrissen ist es mir egal.

Nachschrift: Beim schwulen Kommunisten Ronald M. Schernikau, gestorben 1991, sind Frauen freilich einfach »Kommunist«, schon deshalb, weil es in der befreiten Gesellschaft um Sicht- und Unsichtbarkeit nicht mehr gehen muss. Es ist noch kein Urteil gegen das Gendern, darauf hinzuweisen, dass es sich um keine originär linke, sondern eine linksliberale, sozialdemokratische Idee handelt und das liberale Idol Isaiah Berlin bereits 1958 für den identitätspolitischen »Wunsch nach Anerkennung« Verständnis hat; auch wenn er dieser »Spielart von Freiheit« mit der Skepsis desjenigen begegnet, der Freiheit zur Selbstermächtigung für die Freiheit zum Übergriff hält, zugunsten dessen, was »ich als ›mein eigenes‹ darstellen kann, als etwas, das zu mir gehört und zu dem ich gehöre«, sei's Nation, Klasse oder Gruppe.

»Negative Freiheit«, wie Berlin es tut, als zwanglose zu bevorzugen ist natürlich einfach, wenn einem nichts fehlt, und fürs Unbehelligtbleiben setzen sich eben die ein, die nicht behelligt sind. (Liberalismus ist die Ideologie der Reichen, heißt es.) Vielleicht ist es mit der Anerkennung und Sichtbarmachung aber trotzdem wie mit dem Bioladen: Der ist eine Möglichkeit, nicht die Lösung.

genial

Nicht dass es am Ende noch versöhnlich wird; aber hier handelt es sich um ein Wort, das kein Terrorwort ist, doch zur Terrorsprache gerechnet werden muss.

Wie das?

Dass »genial«, auch wenn ich's nicht benutzen würde, das Etikett Terrorwort nicht verdient, ist erstens (meine) reine Willkür und liegt zweitens daran, dass es als Metapher einleuchtet, ohne, wie »verheerend«, Tag für Tag zu Tode genudelt zu werden: Etwas dünkt derart klug, schlau oder wenigstens einfallsreich, dass wir nicht zögern, es in die Nähe des Genialen zu rücken, wobei die Ironie, wie heutzutage meist, zwar mitzittert, aber vorm echten Erstaunen im Zaume bleibt. Dass der Slogan eines Bieres namens Immer »Wir trinken Immer« lauten muss, ist ja wirklich genial; da hat der arme Angestellte Pösel im Hallervorden-Klassiker[10] »Didi – Der Doppelgänger« (1984) schlicht recht. Dass der Slogan vom Boss stammt, einem skrupel- und humorlosen Rundum-Investor, der in der Verwechslungsklamotte die Kneipe des leutseligen Wirts Bruno abreißen lassen will, führt aber bereits zur Einschränkung, dass, eine Generation später, die zeitgenössische Bewunderung des Genialen, wie sie in Erfol-

10 »... in Hallervordens Klassiker« klang hier zu klassisch, und ein Hallervorden-Klassiker ist schon etwas aus eigenem Recht, eine eigene Kategorie, was sage ich: Liga.

gen wie »The Big Bang Theory« oder der BBC-Fernsehserie »Sherlock Holmes« ihren popkulturellen Ausdruck findet, sich mit der Bewunderung fürs Asoziale mischt: Der Nerd, zwar hochbegabt, aber sozial unfähig, wird zum Leitbild, und Begabung in Sonderklassen und Spezialschulen zu isolieren ist plötzlich nicht mehr kälteste Klassen- und Privilegspolitik, sondern cool.

Im »Doppelgänger« – eventuell der einzige gelungene »Didi«-Film und gewiss der einzige, der, wenn auch heimlich, in einem Roman Dietmar Daths zitiert wird (»Pulsarnacht«, München: Heyne, 2012, S. 426) – glaubt Winfried Glatzeder, im Rolls-Royce an der Ampel den Freund (Hallervorden) zu erkennen. Der andere Hallervorden fühlt sich behelligt, fährt die Scheibe hoch, klemmt den Schal des armseligen Fremden ein und braust los. – Möchte sein, die Sympathien sind auch heute noch klar verteilt; die Allegorie ist aber noch schlagender, als sie es damals war: Der Fiese ist vielleicht immer noch fies, hat aber alles Recht, sich des Habenichts zu entledigen, denn wer Erfolg hat, muss in der Chancengesellschaft ganz offiziell keine Rücksicht nehmen.

Das ist natürlich eine dieser polemischen Übertreibungen, vor denen dieses Büchlein strotzt, denn in Wirklichkeit ist es ja ganz anders; und machte am 16. Oktober 2020 die Bildungsredakteurin der *Frankfurter Allgemeinen* auf das allzuschwere »Schicksal vieler begabter Schüler« aufmerksam, die »oft als Hilfslehrer für ihre schwächeren Klassenkameraden in der Gruppenarbeit« herhalten müssten. »Das sogenannte Peer-Learning sehen Bildungsforscher gern, die betroffenen Schüler allerdings nervt es«, dieses Bremsen des Geistesadels durchs quasimarxistische Sankt-Martins-Prinzip, und wen wüsste die deutsche Aristokratie zuverlässiger an ihrer Seite als die evangelische Theologie? Etwa in Person von Dr. h.c.

Heike Schmoll (Autorinnenkürzel: oll.), die in ihrem *FAZ*-Lebenslauf mit Hebraicum und Graecum hausieren geht und sich mal über Christian Krachts »Faserland« als Abiturstoff beschwerte, weil der Held so ein Flegel sei und sie den fiktionalen Charakter des Textes nicht kapiert hatte. Natürlich ist sie trotzdem, nee: eben drum stets zur Stelle, wenn die Leistungselite sich um ihre per definitionem unterforderten Blagen sorgt, die es unzumutbar finden, »im Schneckentempo in ihren Augen zu einfache Aufgaben zu bearbeiten, deren Lösung sie schon kennen. Am Kasseler Wilhelmsgymnasium hat erst eine Schülerumfrage zum Umdenken bei den Lehrern geführt. Die leistungsstärkeren Schüler gierten nach herausfordernden Aufgaben, die ihnen Vertiefung ermöglichten, doch sie bekamen sie selten. Inzwischen hat sich das in Kassel geändert« und wird also an einem humanistischen Gymnasium, eh schon kein Treffpunkt der Zukurzkommenden und Hotspot kuschelpädagogischen Schneckentempos, hart weiterdifferenziert, bis jeder und jede im Alleingang, unbehelligt von irgendwelchen Lahmärschen, eine auf ihn und sie zugeschnittene Herausforderung nach der nächsten bewältigen kann. Denn »Gier ist gut« (Gordon Gekko), und mithin hört im Vaterland, dem auch in dieser Hinsicht nicht zu helfen ist, das Hauen und Stechen nimmer auf und wird die Zentralmacke seiner Bourgeoisie nicht belächelt, sondern umweglos Regierungsprogramm; und sollen, die *FAZ* freut's, leistungsförderliche »Projektschulen als Multiplikatoren dienen«. Damit die Begabungen, wie Schmoll ja selbst eine war und ist, nicht weiter so unprotestantisch an die Trägheit verraten werden und dann noch mehr Unterforderte auf die Privatschule müssen.

Und darum sag' ich nicht »genial«. Wer ist so klug und macht mit?

Am Ende des Tages

»Ethik und Ästhetik sind Eins.«
Wittgenstein

»Überhaupt sind Fehler nicht schlimm.
Phrasen sind schlimm.«
Michael Maar

Und irgendwann ist man dann durch und sieht am Ende des Tages eine Arte-Doku über Starbucks. Starbucks, erfährt man, lieben die Leute nicht wegen des Kaffees, sondern weil der Kaffee teuer ist und ihr Name auf dem Becher steht. Wenn sie den Becher mit der Meerjungfrau drauf durch die Stadt tragen, gibt ihnen Starbucks, das Kaffeehaus für Leute mit Macbook, das gute Gefühl, zu den Gewinnern zu gehören; oder wenigstens nicht zu den Verlierern.

Das ist tatsächlich alles.

Im Film eröffnet in der französischen Universitätsstadt Tours die zigtausendste Filiale, und die Menschen stehen frühmorgens im Dunkeln an, um bei der Eröffnung dabei zu sein. Die sei, sagt ein Mann, der vielleicht in Tours auf der Universität war, doch ein Ereignis, weil nämlich Starbucks ein Ereignis sei; er kann, der Eindruck drängt sich auf, es nicht erwarten, dass eine schlecht bezahlte, zur Selbstüberwachung angehaltene, zum permanenten

Putzen verdonnerte Frau seinen Namen auf einen Papp- oder Plastikbecher schreibt. Am Ende des Tages müssten also selbst Optimistinnen finden, es sei die reine Zeitverschwendung, einer Menschheit, deren wohlhabender Teil es für einen unübertrefflichen Glücksvorteil hält, einen Starbucks in der Nähe zu haben, mit den Feinheiten oder sogar bloß zu vermeidenden Grobheiten der Sprachbehandlung zu kommen. Wer früh um vier vor einem neuen Starbucks steht, der um sieben öffnet, der fände, stünde der Starbucks nicht in Tours, sondern in Tübingen, selbstredend alles gut und den Starbucks-Latte spannend, und Kritik an dem ganzen Quatsch könnte er nicht nachvollziehen, echt nicht jetzt. Denn am Ende des Tages, da komme es doch wohl drauf an, dass es nice gewesen sei, und im Starbucks sei es nun mal nice, und geil obendrein. Oh, er öffnet, *yes!*

Am Ende des Tages steh' ich also mit leeren Händen da, nicht einmal ein Starbucksbecher ist darin. Aber tun wir das nicht immer, mit leeren Händen dastehen? Und machen trotzdem weiter? Für den einen, die eine von tausend? Und ist das nicht genau der Grund, aus dem ich 2016 den Ausriss aus dem Nöstlinger-Interview, nee: dem Interview mit Christine Nöstlinger an die Pinnwand gedrückt hab?

> »Fünfzig Jahre lang habe ich Aufklärungsarbeit betrieben, wofür? Schon Tucholsky hat gesagt, man könne mit zehn Fingern auf der Schreibmaschine nicht die Welt verändern. Ich habe aufgegeben zu glauben, dass man jemanden beeinflussen kann. Man schreibt nur für die seinigen. […] Ich hatte mal eine Kolumne, wo auf derselben Seite gegenüber jemand anderer eine Kolumne hatte, der war der reaktionärste Idiot, den es überhaupt gegeben hat. Und wenn du dann Leserbriefe

kriegst, in denen steht: Ihre und die andere Kolumne auf der Seite lese ich am liebsten, weil Sie sagen beide immer die Wahrheit, dann denkst du: Es hat keinen Sinn.«

Andererseits sind es bei mir gerade zwanzig Jahre und sagt Meister Hacks, Misanthropie sei Stuss / denn niemand sei schlechter, als er muss. Das Problem, wiederum andererseits, ist, dass so viele müssen und sich mit der Schreibmaschine, mit dem Laptop die Welt nicht verändern lässt; die sieht am Ende des Tages noch genauso aus und hört sich am Ende des Tages auch noch genauso an. Was sich, um beim Thema zu bleiben, im Sprachlichen allenfalls verbessert hat: Sie schreiben nicht mehr »vorprogrammiert« und sagen seltener »von daher«. Dies sicher Lichtblicke, freilich in anhaltender, sogar dicker werdender Finsternis.

Bei Hannah Arendt, in ihrer »Vita activa«, findet sich die Einschätzung: »Was das sogenannte Glück betrifft, sollten wir nicht vergessen, dass nur das Animal laborans die Eigenschaft hat, es zu beanspruchen«, jenes wullackende Tier also, das auf ein »Gleichgewicht zwischen Arbeit und Verzehr, zwischen Tätigsein und Ruhe« angewiesen sei. Mithin darauf, am Ende des Tages zwar müde zu sein, aber doch wenigstens rechtschaffen müde.

Was bei Arendt ebenfalls steht, weiter vorn: »Denn was immer Menschen tun, erkennen, erfahren oder wissen, wird sinnvoll nur in dem Maß, in dem darüber gesprochen werden kann.« Es darf, auch dies sei wiederholt, bei sprachkritischen Einreden nicht darum gehen, bloß Fehlbenutzung anzuzeigen, auch wenn Fehler, falls nicht bloß flüchtige, oft für Beschränktheiten einstehen, von welchen Ideologie sich nährt (und das Plusquamperfekt, einmal ganz verloren, dann eben nichts mehr ins Verhältnis setzt); Ideologie, die es zumal da nachzuweisen gilt, wo alle sich sicher sind, derlei gebe es doch gar nicht mehr. Auch in der Einfachen Sprache des *juste milieu* kann sicher noch gesprochen werden, bloß: worüber? Und wie sinnvoll? Und zeigt die Armut des Vokabulars die Enge des Denkens bloß an, oder verstärken sich Enge und Armut gegenseitig? »Das Wort finden, heißt also die Dinge selbst finden!« schreibt Friedrich Hebbel im April 1840 ins Tagebuch;[11] nur dass nach dem Wort schon gar nicht mehr gesucht wird; und nach den Dingen also auch nicht. Wir wissen, was wir finden, nämlich nichts. »Im Grunde ist alles schon ausgemacht« (Horkheimer, »Dämmerung«); wozu dann noch reden? Und trifft, was (laut Wikipedia) in einem Film Guy Debords mal übers Kino- und speziell Arthauspublikum zu hören war: »Und tatsächlich täuschen sich diese hier in allem und können nur noch über Lügen faseln. Es sind arme Lohnabhängige, die sich für Eigentümer halten; betrogene Ignoranten, die sich gebildet glauben, und Tote, die meinen, sie hätten Sitz und Stimme«, auch auf die Heimkinosüchtigen von heute zu?

»Reden ist nicht sagen«, wussten die Rodgau Monotones ausgerechnet[12] im Jahr 1984, und wo es nichts mehr

11 Und apropos, am 14. d.M.: »Meine Vorahnung hat mich getäuscht. Die Judith ist in Berlin definitiv angenommen und wird wahrscheinlich schon in der Mitte Mai's gespielt.« Unsere Sportreporter und Bildungsministerinnen, sie lesen definitiv Hebbel. Das ist alles.

12 Im Augustheft 2012 der *Titanic* hat Kollege Tim Wolff in einem so material- wie aufschlussreichen Artikel »die dickste Beule der akuten Sprachpest« aufgestochen: das so sinn- wie bewusstlos über journalistische Texte gestreute »ausgerechnet«, das mit »nicht so überraschenden Überraschungen« handelt und also Sensation suggeriert, wo keine ist: »Es ist eine Phantasiewelt, die halbwegs gesund denkende Menschen kaum noch verstehen können: ›Eine bedeutende biologische

zu sagen gibt, reden die Leute drauflos. Das ebenfalls nicht mehr ganz so peinigend allgegenwärtige, bestenfalls sogar verschwindende »Okay …?!« indizierte vor zehn, zwanzig Jahren die paradigmatische Verbindung von formaler Gesprächsbereitschaft bei inhaltlicher Gesprächsverweigerung (oder -unfähigkeit): »Ich hab' Gunnar verlassen.« – »Okay …?!«; dass man es nur mehr sporadisch hört und wenn, dann eher als legitimen Ausdruck von Ratlosigkeit, ist der Sprachmode geschuldet, die tut, was Moden tun, sie kommen und gehen. Falls sie sich nicht etablieren, wie die studentische Verballhornung »nichtsdestotrotz«, die heute für normales Deutsch gilt, so wie sich die Windjacke als Ausgehkluft des Bürgertums etabliert hat, um, eine Ahnung, erst dann wieder zu verschwinden, wenn überhaupt kein Regen mehr fällt.

Wenn Kraus, im Aufsatz »Die Sprache«, sich dagegen verwahrte, l'art pour l'art zu betreiben: »Nichts wäre törichter, als zu vermuten, es sei ein ästhetisches Bedürf-

Spezies ist wegen der schnellen und fortschreitenden Vernichtung ihrer natürlichen Lebensgrundlagen vom Aussterben bedroht: der Mensch.‹ Für diese Worte erntete 1992 ausgerechnet Fidel Castro, damals Regierungs- und Staatschef des armen, des kommunistischen Kuba, im Konferenzzentrum von Rio frenetischen Beifall. (*Die Zeit*, Nr. 25/2012) Wieso ›ausgerechnet Fidel Castro‹? Weil er selbst für eine Bedrohung der Menschheit zu halten ist? Weil Castro = Kommunismus = DDR = Bitterfeld = Umweltzerstörung?« Dass sich »dieses hochansteckenden Scheißwortes [nicht] Herr werden« lasse, schon gar nicht mit zehn Fingern auf der Laptoptastatur, hat Tim freilich geahnt; und musste, im Mai 2013, den gleichen Artikel noch einmal schreiben: »Der ›Ausgerechnet‹-Erreger breitet sich hemmungslos in journalistischen Texten aus, wo er Argumente ersetzt, Scheinzusammenhänge herstellt und jämmerlich nach Aufmerksamkeit schreit. ›Ausgerechnet Aerosmith spielten nun am Freitag ausgerechnet in Atlantic City. Und zwar ausgerechnet unter dem Titel ›The Global Warming Tour‹.‹ (*SZ*, 26.11.2012) Was immer sich hinter dieser Meldung verbirgt, es kann nur irrelevant und uninteressant sein«.

nis, das mit der Erstrebung sprachlicher Vollkommenheit geweckt oder befriedigt werden will«, so stimmt das soweit, als sprachliche Vollkommenheit (die selbst Kraus, weniger kokett denn demütig, bloß als Ideal denkt) kein Selbstzweck ist, eben weil die Erstrebung als solche das stimuliert, was das Menschliche wider das Unmenschliche verteidigt, den Zweifel nämlich wider das Zweifellose, die Vorsicht gegen das Gradeaus:

> »Die Nutzanwendung der Lehre, die die Sprache wie das Sprechen betrifft, könnte niemals sein, daß der, der sprechen lernt, auch die Sprache lerne, wohl aber, daß er sich der Erfassung der Wortgestalt nähere und damit der Sphäre, die jenseits des greifbar Nutzhaften ergiebig ist. Diese Gewähr eines moralischen Gewinns liegt in einer geistigen Disziplin, die gegenüber dem einzigen, was ungestraft verletzt werden kann, der Sprache, das höchste Maß einer Verantwortung festsetzt und wie keine andere geeignet ist, den Respekt vor jeglichem andern Lebensgut zu lehren. Wäre denn eine stärkere Sicherung im Moralischen vorstellbar als der sprachliche Zweifel? Hätte er denn nicht vor allem materiellen Wunsch den Anspruch, des Gedankens Vater zu sein? Alles Sprechen und Schreiben von heute, auch das der Fachmänner, hat als der Inbegriff leichtfertiger Entscheidung die Sprache zum Wegwurf einer Zeit gemacht, die ihr Geschehen und Erleben, ihr Sein und Gelten, der Zeitung abnimmt. Der Zweifel als die große moralische Gabe, die der Mensch der Sprache verdanken könnte und bis heute verschmäht hat, wäre die rettende Hemmung eines Fortschritts, der mit vollkommener Sicherheit zu dem Ende einer Zivilisation führt, der er zu dienen wähnt. Und es ist, als hätte das Fatum jene Menschheit, die deutsch zu sprechen glaubt, für den

Segen gedankenreichster Sprache bestraft mit dem Fluch, außerhalb ihrer zu leben; zu denken, nachdem sie sie gesprochen, zu handeln, ehe sie sie befragt hat. Von dem Vorzug dieser Sprache, aus allen Zweifeln zu bestehen, die zwischen ihren Wörtern Raum haben, machen ihre Sprecher keinen Gebrauch. Welch ein Stil des Lebens möchte sich entwickeln, wenn der Deutsche keiner andern Ordonnanz gehorsamte als der der Sprache!«

Da heißen wir uns, zum guten Beschluss, natürlich nicht hoffen und verweisen lieber auf Henscheids »absolute Vergeblichkeit humanistischer Grundposition«, wie sie u.a. den Tripelroman »Geht in Ordnung – sowieso – – genau – – –« (1977) bestimmt, ein komisches Großwerk, das schon im Titel die Sprachverdämmerung unterm kretinisierenden Existenzvollzug verhandelt. Im Opernführer »Verdi ist der Mozart Wagners« heißt es später (mit Blick auf Verdis »Maskenball«): »Das Leben stirbt, und nur der Abschied von ihm bleibt lebendig«, und im Roman »Die Mätresse des Bischofs«: »Daß die Einfältigsten dieser Welt am Ende unser einziges Lebenselixier bleiben!«

In diesem Sinne mag unser Büchlein, so es ihm nicht völlig an Schönheit gebricht, gerade dann nicht wertlos sein, wenn wir uns darauf geeinigt haben, dass es im Versuch, den Gedanken gegen den Reflex, das Wort gegen die Parole und einen Stil des Lebens gegen den Lifestyle aufzurufen, am Ende des Tages ganz nutzlos gewesen ist. Denn am Beginn des Tages schauen wir ins Fernsehprogramm der Tageszeitung und stoßen auf einen »Fernsehtipp«: »Wissen aktuell: Der Kopf isst mit!« heißt die Sendung; und was steht auf der Tafel, die auf dem von ZDF und SWR bereitgestellten Foto im Wochenmarktgemüse steckt?

»Ess Dich gesund!«

»Die Wenigen, die sich auskennen, wissen Alles. Die Anderen sind blind und taub« (Joseph Roth, Brief an Stefan Zweig, 9.10.1933).

Ich bleib' bei Pizza.